PREFACIO

La colección de guías de conversación para viajar "Todo irá bien" publicada por T&P Books está diseñada para personas que viajan al extranjero para turismo y negocios. Las guías contienen lo más importante - los elementos esenciales para una comunicación básica.Éste es un conjunto de frases imprescindibles para "sobrevivir" mientras está en el extranjero.

Esta guía de conversación le ayudará en la mayoría de los casos donde usted necesite pedir algo, conseguir direcciones, saber cuánto cuesta algo, etc. Puede también resolver situaciones difíciles de la comunicación donde los gestos no pueden ayudar.

Este libro contiene una gran cantidad de frases que han sido agrupadas según los temas más relevantes. Esta edición también incluye un pequeño vocabulario que contiene alrededor de 3.000 de las palabras más frecuentemente usadas.Otra sección de la guía proporciona un glosario gastronómico que le puede ayudar a pedir los alimentos en un restaurante o a comprar comestibles en la tienda.

Llévese la guía de conversación "Todo irá bien" en el camino y tendrá una insustituible compañera de viaje que le ayudará a salir de cualquier situación y le enseñará a no temer hablar con extranjeros.

TABLA DE CONTENIDOS

T&P Books Publishing

Colección de guías de conversación
"¡Todo irá bien!"

T&P Books Publishing

GUÍA DE CONVERSACIÓN
HINDI

Andrey Taranov

LAS PALABRAS Y LAS FRASES MÁS ÚTILES

Esta Guía de Conversación
contiene las frases y las
preguntas más comunes
necesitadas para una
comunicación básica
con extranjeros

T&P
BOOKS

Guía de conversación + diccionario de 3000 palabras

Guía de conversación Español-Hindi y vocabulario temático de 3000 palabras

por Andrey Taranov

La colección de guías de conversación para viajar "Todo irá bien" publicada por T&P Books está diseñada para personas que viajan al extranjero para turismo y negocios. Las guías contienen lo más importante - los elementos esenciales para una comunicación básica. Éste es un conjunto de frases imprescindibles para "sobrevivir" mientras está en el extranjero.

Este libro también incluye un pequeño vocabulario temático que contiene alrededor de 3.000 de las palabras más frecuentemente usadas. Otra sección de la guía proporciona un glosario gastronómico que le puede ayudar a pedir los alimentos en un restaurante o a comprar comestibles en la tienda.

T&P Books Publishing
www.tpbooks.com

ISBN: 978-1-78616-911-2

Este libro está disponible en formato electrónico o de E-Book también.
Visite www.tpbooks.com o las librerías electrónicas más destacadas en la Red.

PRONUNCIACIÓN

La letra	Ejemplo hindi	T&P alfabeto fonético	Ejemplo español

Las vocales

अ	अक्सर	[a]; [ɑ], [ə]	radio; llave
आ	आगमन	[a:]	contraataque
इ	इनाम	[i]	ilegal
ई	ईश्वर	[i], [i:]	tranquilo
उ	उठना	[ʊ]	pulpo
ऊ	ऊपर	[u:]	jugador
ऋ	ऋग्वेद	[r, rʲ]	gritar
ए	एकता	[e:]	sexto
ऐ	ऐनक	[aj]	paisaje
ओ	ओला	[o:]	domicilio
औ	औरत	[au]	mausoleo
अं	अंजीर	[ŋ]	manga
अः	अ से अः	[h]	registro
ऑ	ऑफिस	[ɒ]	paralelo

Las consonantes

क	कमरा	[k]	charco
ख	खिड़की	[kh]	[k] aspirada
ग	गरज	[g]	jugada
घ	घर	[gh]	[g] aspirada
ङ	डाकू	[ŋ]	manga
च	चक्कर	[ʧ]	mapache
छ	छात्र	[ʧh]	[tsch] aspirado
ज	जाना	[ʤ]	jazz
झ	झलक	[ʤ]	jazz
ञ	विज्ञान	[ɲ]	leña
ट	मटर	[t]	torre
ठ	ठेका	[th]	[t] aspirada
ड	डंडा	[d]	desierto
ढ	ढलान	[d]	desierto
ण	क्षण	[n]	La nasal retrofleja
त	ताकत	[t]	torre

La letra	Ejemplo hindi	T&P alfabeto fonético	Ejemplo español
थ	थकना	[th]	[t] aspirada
द	दरवाज़ा	[d]	desierto
ध	धोना	[d]	desierto
न	नाई	[n]	sonar
प	पिता	[p]	precio
फ	फल	[f]	golf
ब	बच्चा	[b]	en barco
भ	भाई	[b]	en barco
म	माता	[m]	nombre
य	याद	[j]	asiento
र	रीछ	[r]	era, alfombra
ल	लाल	[l]	lira
व	वचन	[v]	travieso
श	शिक्षक	[ʃ]	shopping
ष	भाषा	[ʃ]	shopping
स	सोना	[s]	salva
ह	हज़ार	[h]	registro

Las consonantes adicionales

क़	क़लम	[q]	catástrofe
ख़	ख़बर	[h]	coger
ड	लड़का	[r]	era, alfombra
ढ	पढ़ना	[r]	era, alfombra
ग़	ग़लती	[ɣ]	amigo, magnífico
ज	ज़िन्दगी	[z]	desde
झ	ट्रेज़र	[ʒ]	adyacente
फ़	फ़ौज	[f]	golf

LISTA DE ABREVIATURAS

Abreviatura en español

adj	-	adjetivo
adv	-	adverbio
anim.	-	animado
conj	-	conjunción
etc.	-	etcétera
f	-	sustantivo femenino
f pl	-	femenino plural
fam.	-	uso familiar
fem.	-	femenino
form.	-	uso formal
inanim.	-	inanimado
innum.	-	innumerable
m	-	sustantivo masculino
m pl	-	masculino plural
m, f	-	masculino, femenino
masc.	-	masculino
mat	-	matemáticas
mil.	-	militar
num.	-	numerable
p.ej.	-	por ejemplo
pl	-	plural
pron	-	pronombre
sg	-	singular
v aux	-	verbo auxiliar
vi	-	verbo intransitivo
vi, vt	-	verbo intransitivo, verbo transitivo
vr	-	verbo reflexivo
vt	-	verbo transitivo

Abreviatura en hindi

f	-	sustantivo femenino
f pl	-	femenino plural
m	-	sustantivo masculino
m pl	-	masculino plural

T&P BOOKS

GUÍA DE CONVERSACIÓN HINDI

Esta sección contiene frases importantes que pueden resultar útiles en varias situaciones de la vida real. La Guía le ayudará a pedir direcciones, aclaración sobre precio, comprar billetes, y pedir alimentos en un restaurante

T&P Books Publishing

CONTENIDO DE LA GUÍA DE CONVERSACIÓN

T&P Books Publishing

Perdone, …	माफ़ कीजिएगा, … māf kījiega, …
Hola.	नमस्कार। namaskār.
Gracias.	शुक्रिया। shukriya.

Sí.	हाँ। hān.
No.	नहीं। nahin.
No lo sé.	मुझे नहीं मालूम। mujhe nahin mālūm.
¿Dónde? | ¿A dónde? | ¿Cuándo?	कहाँ? | कहाँ जाना है? | कब? kahān? | kahān jāna hai? | kab?

Necesito …	मुझे … चाहिए। mujhe … chāhie.
Quiero …	मैं … चाहता /चाहती/ हूँ। main … chāhata /chāhatī/ hūn.
¿Tiene …?	क्या आपके पास … है? kya āpake pās … hai?
¿Hay … por aquí?	क्या यहाँ … है? kya yahān … hai?
¿Puedo …?	क्या मैं … सकता /सकती/ हूँ? kya main … sakata /sakatī/ hūn?
…, por favor? (petición educada)	…, कृपया। …, krpaya.

Busco …	मैं … ढूँढ रहा /रही/ हूँ। main … dhūnrh raha /rahī/ hūn.
el servicio	शौचालय shauchālay
un cajero automático	एटीएम etīem
una farmacia	दवा की दुकान dava kī dukān
el hospital	अस्पताल aspatāl

la comisaría	पुलिस थाना pulis thāna
el metro	मेट्रो metro

un taxi	टैक्सी taiksī
la estación de tren	ट्रेन स्टेशन tren steshan

Me llamo …	मेरा नाम ... है। mera nām ... hai
¿Cómo se llama?	आपका क्या नाम है? āpaka kya nām hai?
¿Puede ayudarme, por favor?	क्या आप मेरी मदद कर सकते /सकती/ है? kya āp merī madad kar sakate /sakatī/ hain?
Tengo un problema.	मुझे एक परेशानी है। mujhe ek pareshānī hai.
Me encuentro mal.	मेरी तबियत ठीक नहीं है। merī tabiyat thīk nahin hai.
¡Llame a una ambulancia!	एम्बुलेन्स बुलाओ! embulens bulao!
¿Puedo llamar, por favor?	क्या मैं एक फ़ोन कर सकता /सकती/ हूँ? kya main ek fon kar sakata /sakatī/ hūn?

Lo siento.	मुझे माफ़ करना। mujhe māf kar do.
De nada.	आपका स्वागत है। āpaka svāgat hai.

Yo	मैं main
tú	तू tū
él	वह vah
ella	वह vah
ellos	वे ve
ellas	वे ve
nosotros /nosotras/	हम ham
ustedes, vosotros	तुम tum
usted	आप āp

ENTRADA	प्रवेश pravesh
SALIDA	निकास nikās

FUERA DE SERVICIO ख़राब है
kharāb hai

CERRADO बंद
band

ABIERTO खुला
khula

PARA SEÑORAS महिलाओं के लिए
mahilaon ke lie

PARA CABALLEROS पुरूषों के लिए
purūshon ke lie

Preguntas

¿Dónde?
कहाँ?
kahān?

¿A dónde?
कहाँ जाना है?
kahān jāna hai?

¿De dónde?
कहाँ से?
kahān se?

¿Por qué?
क्यों?
kyon?

¿Con que razón?
किस वजह से?
kis vajah se?

¿Cuándo?
कब?
kab?

¿Cuánto tiempo?
कितना समय लगेगा?
kitana samay lagega?

¿A qué hora?
कितने बजे?
kitane baje?

¿Cuánto?
कितना?
kitana?

¿Tiene ...?
क्या आपके पास ... है?
kya āpake pās ... hai?

¿Dónde está ...?
... कहाँ है?
... kahān hai?

¿Qué hora es?
क्या बजा है?
kya baja hai?

¿Puedo llamar, por favor?
क्या मैं एक फ़ोन कर सकता /सकती/ हूँ?
kya main ek fon kar sakata /sakatī/ hūn?

¿Quién es?
कौन है?
kaun hai?

¿Se puede fumar aquí?
क्या मैं यहाँ सिगरेट पी सकता /सकती/ हूँ?
kya main yahān sigaret pī sakata /sakatī/ hūn?

¿Puedo ...?
क्या मैं ... सकता /सकती/ हूँ?
kya main ... sakata /sakatī/ hūn?

Necesidades

Quisiera …
मुझे … चाहिए।
mujhe … chāhie.

No quiero …
मुझे … नहीं चाहिए।
mujhe … nahin chāhie.

Tengo sed.
मुझे प्यास लगी है।
mujhe pyās lagī hai.

Tengo sueño.
मैं सोना चाहता /चाहती/ हूँ।
main sona chāhata /chāhatī/ hūn.

Quiero …
मैं … चाहता /चाहती/ हूँ।
main … chāhata /chāhatī/ hūn.

lavarme
हाथ-मुँह धोना
hāth-munh dhona

cepillarme los dientes
दाँत ब्रश करना
dānt brash karana

descansar un momento
कुछ समय आराम करना
kuchh samay ārām karana

cambiarme de ropa
कपड़े बदलना
kapare badalana

volver al hotel
होटल वापस जाना
hotal vāpas jāna

comprar …
… खरीदना
… kharīdana

ir a …
… जाना
… jāna

visitar …
… जाना
… jāna

quedar con …
… से मिलने जाना
… se milane jāna

hacer una llamada
फ़ोन करना
fon karana

Estoy cansado /cansada/.
मैं थक गया /गई/ हूँ।
main thak gaya /gaī/ hūn.

Estamos cansados /cansadas/.
हम थक गए हैं।
ham thak gae hain.

Tengo frío.
मुझे सर्दी लग रही है।
mujhe sardī lag rahī hai.

Tengo calor.
मुझे गर्मी लग रही है।
mujhe garmī lag rahī hai.

Estoy bien.
मैं ठीक हूँ।
main thīk hūn.

Tengo que hacer una llamada.

मुझे फ़ोन करना है।
mujhe fon karana hai.

Necesito ir al servicio.

मुझे शौचालय जाना है।
mujhe shauchālay jāna hai.

Me tengo que ir.

मुझे जाना है।
mujhe jāna hoga.

Me tengo que ir ahora.

मुझे अब जाना होगा।
mujhe ab jāna hoga.

Preguntar por direcciones

Perdone, …	माफ़ कीजिएगा, … māf kījiega, …
¿Dónde está …?	… कहाँ है? … kahān hai?
¿Por dónde está …?	… कहाँ पड़ेगा? … kahān parega?
¿Puede ayudarme, por favor?	क्या आप मेरी मदद करेंगे /करेंगी/, प्लीज़? kya āp merī madad karenge /karengī/, plīz?

Busco …	मैं … ढूँढ रहा /रही/ हूँ। main … dhūnrh raha /rahī/ hūn.
Busco la salida.	मैं बाहर निकलने का रास्ता ढूँढ रहा /रही/ हूँ। main bāhar nikalane ka rāsta dhūnrh raha /rahī/ hūn.
Voy a …	मैं … जा रहा /रही/ हूँ। main … ja raha /rahī/ hūn.
¿Voy bien por aquí para …?	क्या मैं …जाने के लिए सही रास्ते पर हूँ? kya main … jāne ke lie sahī rāste par hūn?

¿Está lejos?	क्या वह दूर है? kya vah dūr hai?
¿Puedo llegar a pie?	क्या मैं वहाँ पैदल जा सकता /सकती/ हूँ? kya main vahān paidal ja sakata /sakatī/ hūn?
¿Puede mostrarme en el mapa?	क्या आप मुझे नक्शे पर दिखा सकते /सकती/ हैं? kya āp mujhe nakshe par dikha sakate /sakatī/ hain?
Por favor muestreme dónde estamos.	मुझे दिखाईये कि हम इस वक्त कहाँ हैं। mujhe dikhaīye ki ham is vakt kahān hain.
Aquí	यहाँ yahān
Allí	वहाँ vahān
Por aquí	इस तरफ़ is taraf

Gire a la derecha.	दायें मुड़ें dāyen muren.
Gire a la izquierda.	बायें मुड़ें bāyen muren.
la primera (segunda, tercera) calle	पहला (दूसरा, तीसरा) मोड़ pahala (dūsara, tīsara) mor
a la derecha	दाईं ओर daīn or
a la izquierda	बाईं ओर baīn or
Siga recto.	सीधे जाएं। sīdhe jaen.

Carteles

¡BIENVENIDO!	स्वागत! svāgat!
ENTRADA	प्रवेश pravesh
SALIDA	निकास nikās
EMPUJAR	पुश, धकेलिए push, dhakelie
TIRAR	पुल, खींचिए pul, khīnchie
ABIERTO	खुला khula
CERRADO	बंद band
PARA SEÑORAS	महिलाओं के लिए mahilaon ke lie
PARA CABALLEROS	पुरूषों के लिए purūshon ke lie
CABALLEROS	पुरूष purūsh
SEÑORAS	महिलाएं mahilaen
REBAJAS	छूट chhūt
VENTA	सेल sel
GRATIS	मुफ्त muft
¡NUEVO!	नया! naya!
ATENCIÓN	ध्यान दें! dhyān den!
COMPLETO	कोई कमरा खाली नहीं है koī naukarī nahin hai
RESERVADO	रिज़र्वड rizarvad
ADMINISTRACIÓN	प्रबंधन prabandhan
SÓLO PERSONAL AUTORIZADO	केवल स्टाफ़ keval stāf

CUIDADO CON EL PERRO	कुत्ते से बचकर रहें! kutte se bachakar rahen!
NO FUMAR	नो स्मोकिंग! no smoking!
NO TOCAR	हाथ न लगाएं! hāth na lagaen!
PELIGROSO	खतरनाक khataranāk
PELIGRO	खतरा khatara
ALTA TENSIÓN	हाई वोल्टेज haī voltej
PROHIBIDO BAÑARSE	स्वीमिंग की अनुमति नहीं है! svīming kī anumati nahin hai!
FUERA DE SERVICIO	ख़राब है kharāb hai
INFLAMABLE	ज्वलनशील jvalanashīl
PROHIBIDO	मनाही manāhī
PROHIBIDO EL PASO	प्रवेश निषेध! yahān āne kī sakht manāhī hai!
RECIÉN PINTADO	गीला पेंट gīla pent
CERRADO POR RENOVACIÓN	मरम्मत के लिए बंद marammat ke lie band
EN OBRAS	आगे कार्य प्रगित पर है āge kāry pragit par hai
DESVÍO	डीटूर dītūr

Transporte. Frases generales

el avión	हवाई जहाज़ havaī jahāz
el tren	रेलगाड़ी, ट्रेन relagārī, tren
el bus	बस bas
el ferry	फेरी ferī
el taxi	टैक्सी taiksī
el coche	कार kār
el horario	शिड्यूल shidyūl
¿Dónde puedo ver el horario?	मैं शिड्यूल कहां देख सकता /सकती/ हूं? main shidyūl kahān dekh sakata /sakatī/ hūn?
días laborables	कार्यदिवस kāryadivas
fines de semana	ससाहांत saptāhānt
días festivos	छुट्टियां chhuttiyān
SALIDA	प्रस्थान prasthān
LLEGADA	आगमन āgaman
RETRASADO	देरी derī
CANCELADO	रद्द radd
siguiente (tren, etc.)	अगला agala
primero	पहला pahala
último	अंतिम antim

¿Cuándo pasa el siguiente ...?   अगला ... कब है?
agala ... kab hai?

¿Cuándo pasa el primer ...?   पहला ... कब है?
pahala ... kab hai?

¿Cuándo pasa el último ...?   अंतिम ... कब है?
antim ... kab hai?

---

el trasbordo (cambio de trenes, etc.)   ट्रेन बदलना
tren badalana

hacer un trasbordo   ट्रेन कैसे बदलें
tren kaise badalen

¿Tengo que hacer un trasbordo?   क्या मुझे ट्रेन बदलनी पड़गी?
kya mujhe tren badalanī paragī?

Comprar billetes

¿Dónde puedo comprar un billete?	मैं टिकटें कुहाँ खरीद सकता /सकती/ हूँ? main tikaten kahān kharīd sakata /sakatī/ hūn?
el billete	टिकट tikat
comprar un billete	टिकट खरीदना tikat kharīdana
precio del billete	टिकट का दाम tikat ka dām

¿Para dónde?	कहाँ जाना है? kahān jāna hai?
¿A qué estación?	कौन-से स्टेशन के लिए? kaun-se steshan ke lie?
Necesito …	मुझे ... चाहिए mujhe ... chāhie.
un billete	एक टिकट ek tikat
dos billetes	दो टिकट do tikat
tres billetes	तीन टिकट tīn tikat
sólo ida	एक तरफ़ ek taraf
ida y vuelta	राउंड ट्रिप raund trip
en primera (primera clase)	फस्ट क्लास farst klās
en segunda (segunda clase)	सेकेंड क्लास sekend klās

hoy	आज āj
mañana	कल kal
pasado mañana	कल के बाद वाला दिन kal ke bād vāla din
por la mañana	सुबह में subah men
por la tarde	दोपहर में dopahar men
por la noche	शाम में shām men

asiento de pasillo	आयल सीट āyal sīt
asiento de ventanilla	खिड़की वाली सीट khirakī vālī sīt
¿Cuánto cuesta?	कितना? kitana?
¿Puedo pagar con tarjeta?	क्या मैं क्रेडिट कार्ड से पे कर सकता /सकती/ हूँ? kya main kredit kārd se pe kar sakata /sakatī/ hūn?

Autobús

el autobús	बस bas
el autobús interurbano	अंतरराज्यीय बस antararājyīy bas
la parada de autobús	बस-स्टॉप bas-stop
¿Dónde está la parada de autobuses más cercana?	सबसे करीबी बस-स्टॉप कहाँ है? sabase karībī bas-stop kahān hai?
número	नंबर nambar
¿Qué autobús tengo que tomar para …?	… जाने के लिए कौन-सी बस लेनी होगी? … jāne ke lie kaun-sī bas lenī hogī?
¿Este autobús va a …?	क्या यह बस … जाती है? kya yah bas … jātī hai?
¿Cada cuanto pasa el autobús?	बसें कितनी जल्दी-जल्दी आती हैं? basen kitanī jaldī-jaldī ātī hain?
cada 15 minutos	हर पंद्रह मिनट har pandrah minat
cada media hora	हर आधा घंटा har ādha ghanta
cada hora	हर घंटा har ghanta
varias veces al día	दिन में कई बार din men kaī bār
… veces al día	दिन में … बार din men … bār
el horario	शिड्यूल shidyūl
¿Dónde puedo ver el horario?	मैं शिड्यूल कहाँ देख सकता /सकती/ हूँ? main shidyūl kahān dekh sakata /sakatī/ hūn?
¿Cuándo pasa el siguiente autobús?	अगली बस कब है? agalī bas kab hai?
¿Cuándo pasa el primer autobús?	पहली बस कब है? pahalī bas kab hai?
¿Cuándo pasa el último autobús?	आखिरी बस कब है? ākhirī bas kab hai?

la parada

स्टॉप
stop

la siguiente parada

अगला स्टॉप
agala stop

la última parada

आखिरी स्टॉप
ākhirī stop

Pare aquí, por favor.

रोक दें, प्लीज़।
yahān roken, plīz.

Perdone, esta es mi parada.

माफ़ कीजिएगा, यह मेरा स्टॉप है।
māf kījiega, yah mera stop hai.

Tren

el tren	रेलगाड़ी, ट्रेन relagārī, tren
el tren de cercanías	लोकल ट्रेन lokal tren
el tren de larga distancia	लंबी दूरी की ट्रेन lambī dūrī kī tren
la estación de tren	ट्रेन स्टेशन tren steshan
Perdone, ¿dónde está la salida al anden?	माफ़ कीजिएगा, प्लेटफॉर्म से निकलने का रास्ता कहाँ है? māf kījiega, pletaform se nikalane ka rāsta kahān hai?

¿Este tren va a …?	क्या यह ट्रेन ... जाती है? kya yah tren ... jātī hai?
el siguiente tren	अगली ट्रेन agalī tren
¿Cuándo pasa el siguiente tren?	अगली ट्रेन कब है? agalī tren kab hai?
¿Dónde puedo ver el horario?	मैं शिड्यूल कहाँ देख सकता /सकती/ हूँ? main shidyūl kahān dekh sakata /sakatī/ hūn?
¿De qué andén?	कौन-से प्लेटफॉर्म से? kaun-se pletaform se?
¿Cuándo llega el tren a …?	... में ट्रेन कब पहुंचती है? ... men tren kab pahunchatī hai?

Ayudeme, por favor.	कृपया मेरी मदद करें। krpaya merī madad karen.
Busco mi asiento.	मैं अपनी सीट ढूंढ रहा /रही/ हूँ। main apanī sīt dhūnrh raha /rahī/ hūn.
Buscamos nuestros asientos.	हम अपनी सीट ढूंढ रहे हैं। ham apanī sīt dhūnrh rahe hain.
Mi asiento está ocupado.	मेरी सीट पर कोई और बैठा है। merī sīt par koī aur baitha hai.
Nuestros asientos están ocupados.	हमारी सीटों पर कोई और बैठा है। hamārī sīton par koī aur baitha hai.
Perdone, pero ese es mi asiento.	माफ़ कीजिएगा, लेकिन यह मेरी सीट है। māf kījiega, lekin yah merī sīt hai.

¿Está libre?

क्या इस सीट पर कोई बैठा है?
kya is sīt par koī baitha hai?

¿Puedo sentarme aquí?

क्या मैं यहाँ बैठ सकता
/सकती/ हूँ?
kya main yahān baith sakata
/sakatī/ hūn?

En el tren. Diálogo (Sin billete)

Su billete, por favor.	टिकट, कृपया। tikat, krpaya.
No tengo billete.	मेरे पास टिकट नहीं है। mere pās tikat nahin hai.
He perdido mi billete.	मेरा टिकट खो गया। mera tikat kho gaya.
He olvidado mi billete en casa.	मैं अपना टिकट घर पर भूल गया /गई/। main apana tikat ghar par bhūl gaya /gaī/.
Le puedo vender un billete.	आप मुझे एक टिकट दे दें। āp mujhe ek tikat de den.
También deberá pagar una multa.	आपको फाइन भी भरना होगा। āpako fain bhī bharana hoga.
Vale.	ठीक है। thīk hai.
¿A dónde va usted?	आप कहाँ जा रहे /रही/ हैं? āp kahān ja rahe /rahī/ hain?
Voy a …	मैं ... जा रहा /रही/ हूँ। main ... ja raha /rahī/ hūn.
¿Cuánto es? No lo entiendo.	कितना? मैं समझी /समझी/ नहीं। kitana? main samajhī /samajhī/ nahin.
Escríbalo, por favor.	इसे लिख दीजिए, प्लीज़। ise likh dījie, plīz.
Vale. ¿Puedo pagar con tarjeta?	ठीक है। क्या मैं क्रेडिट कार्ड से पे कर सकता /सकती/ हूँ? thīk hai. kya main kredit kārd se pe kar sakata /sakatī/ hūn?
Sí, puede.	हाँ, आप कर सकते हैं। hān, āp kar sakate hain.
Aquí está su recibo.	यह रही आपकी रसीद। yah rahī āpakī rasīd.
Disculpe por la multa.	फाइन के बारे में माफ़ कीजिएगा। fain ke bāre men māf kījiega.
No pasa nada. Fue culpa mía.	कोई बात नहीं। वह मेरी गलती थी। koī bāt nahin. vah merī galatī thī.
Disfrute su viaje.	अपनी यात्रा का आनंद लें। apanī yātra ka ānand len.

Taxi

taxi

टैक्सी
taiksī

taxista

टैक्सी चलाने वाला
taiksī chalāne vāla

coger un taxi

टैक्सी पकड़ना
taiksī pakarana

parada de taxis

टैक्सी स्टैंड
taiksī staind

¿Dónde puedo coger un taxi?

मुझे टैक्सी कहां मिलेगी?
mujhe taiksī kahān milegī?

llamar a un taxi

टैक्सी बुलाना
taiksī bulāna

Necesito un taxi.

मुझे टैक्सी चाहिए।
mujhe taiksī chāhie.

Ahora mismo.

अभी।
abhī.

¿Cuál es su dirección?

आपका पता क्या है?
āpaka pata kya hai?

Mi dirección es ...

मेरा पता है ...
mera pata hai ...

¿Cuál es el destino?

आपको कहाँ जाना है?
āpako kahān jāna hai?

Perdone, ...

माफ़ कीजिएगा, ...
māf kījiega, ...

¿Está libre?

क्या टैक्सी खाली है?
kya taiksī khālī hai?

¿Cuánto cuesta ir a ...?

... जाने के लिए कितना लगेगा?
... jāne ke lie kitana lagega?

¿Sabe usted dónde está?

क्या आपको पता है वह कहाँ है?
kya āpako pata hai vah kahān hai?

Al aeropuerto, por favor.

एयरपोर्ट, प्लीज़।
eyaraport, plīz.

Pare aquí, por favor.

यहाँ रोकें, प्लीज़।
rok den, plīz.

No es aquí.

यहाँ नहीं है।
yahān nahin hai.

La dirección no es correcta.

यह गलत पता है।
yah galat pata hai.

Gire a la izquierda.

बायें मुड़ें।
bāyen muren.

Gire a la derecha.

दायें मुड़ें।
dāyen muren.

¿Cuánto le debo?

मुझे आपको कितने पैसे देने हैं?
mujhe āpako kitane paise dene hain?

¿Me da un recibo, por favor?

मैं एक रसीद चाहिए, प्लीज़।
main ek rasīd chāhie, plīz.

Quédese con el cambio.

छुट्टे रख लें।
chhutte rakh len.

Espéreme, por favor.

क्या आप मेरा इंतज़ार /करेंगे/ करेंगी?
kya āp mera intazār /karenge/ karengī?

cinco minutos

पाँच मिनट
pānch minat

diez minutos

दस मिनट
das minat

quince minutos

पंद्रह मिनट
pandrah minat

veinte minutos

बीस मिनट
bīs minat

media hora

आधा घंटा
ādhe ghante

Hotel

Hola.
नमस्कार।
namaskār.

Me llamo …
मेरा नाम ... है
mera nām ... hai

Tengo una reserva.
मैंने बुकिंग की थी।
mainne buking kī thī.

Necesito …
मुझे ... चाहिए।
mujhe ... chāhie.

una habitación individual
एक सिंगल कमरा
ek singal kamara

una habitación doble
एक डबल कमरा
ek dabal kamara

¿Cuánto cuesta?
यह कितने का है?
yah kitane ka hai?

Es un poco caro.
यह थोड़ा महंगा है।
yah thora mahanga hai.

¿Tiene alguna más?
क्या आपके पास कुछ और है?
kya āpake pās kuchh aur hai?

Me quedo.
मैं यह ले लूँगा /लूँगी/।
main yah le lūnga /lūngī/.

Pagaré en efectivo.
मैं नकद दूंगा /दूँगी/।
main nakad dūnga /dūngī/.

Tengo un problema.
मुझे एक परेशानी है।
mujhe ek pareshānī hai.

Mi … no funciona.
मेरा ... टूटा हुआ है।
mera ... tūta hua hai.

Mi … está fuera de servicio.
मेरा ... ख़राब है।
mera ... kharāb hai.

televisión
टीवी
tīvī

aire acondicionado
एयरकंडिशनर
eyarakandishanar

grifo
नल
nal

ducha
शॉवर
shovar

lavabo
बेसिन
besin

caja fuerte
तिजोरी
tijorī

cerradura	दरवाज़े का ताला daravāze ka tāla
enchufe	सॉकेट soket
secador de pelo	हेयर ड्रायर heyar drāyar

No tengo …	… नहीं है … nahin hai
agua	पानी pānī
luz	लाइट lait
electricidad	बिजली bijalī

¿Me puede dar …?	… दे सकते /सकती/ हैं? de sakate /sakatī/ hain?
una toalla	तौलिया tauliya
una sábana	कम्बल kambal
unas chanclas	चप्पल chappal
un albornoz	रोब rob
un champú	शैम्पू shaimpū
jabón	साबुन sābun

Quisiera cambiar de habitación.	मुझे अपना कमरा बदलना है। mujhe apana kamara badalana hai.
No puedo encontrar mi llave.	मुझे चाबी नहीं मिल रही है। mujhe chābī nahin mil rahī hai.
Por favor abra mi habitación.	क्या आप मेरा कमरा खोल सकते /सकती/ हैं? kya āp mera kamara khol sakate /sakatī/ hain?
¿Quién es?	कौन है? kaun hai?
¡Entre!	अंदर आ जाओ! andar ā jao!
¡Un momento!	एक मिनट! ek minat!

Ahora no, por favor.	अभी नहीं, प्लीज़। abhī nahin, plīz.
Venga a mi habitación, por favor.	कृपया मेरे कमरे में आईये। kr̥paya mere kamare men āīye.

Quisiera hacer un pedido.

मैं फूड सर्विस ऑर्डर करना चाहता /चाहती/ हूँ।
main fūd sarvis ordar karana chāhata /chāhatī/ hūn.

Mi número de habitación es …

मेरा कमरा नंबर है …
mera kamara nambar hai …

Me voy …

मैं … जा रहा /रही/ हूँ।
main … ja raha /rahī/ hūn.

Nos vamos …

हम … जा रहे हैं।
ham … ja rahe hain.

Ahora mismo

अभी
abhī

esta tarde

आज दोपहर
āj dopahar

esta noche

आज रात
āj rāt

mañana

कल
kal

mañana por la mañana

कल सुबह
kal subah

mañana por la noche

कल शाम
kal shām

pasado mañana

कल के बाद वाला दिन
kal ke bād vāla din

Quisiera pagar la cuenta.

मैं भुगतान करना चाहता /चाहती/ हूँ।
main bhugatān karana chāhata /chāhatī/ hūn.

Todo ha estado estupendo.

सब कुछ बहुत अच्छा था।
sab kuchh bahut achchha tha.

¿Dónde puedo coger un taxi?

मुझे टैक्सी कहां मिलेगी?
mujhe taiksī kahān milegī?

¿Puede llamarme un taxi, por favor?

क्या आप मेरे लिए एक टैक्सी बुला देंगे /देंगी/?
Kya āp mere lie ek taiksī bula denge /dengī/?

Restaurante

¿Puedo ver el menú, por favor?

क्या आप अपना मेनू दिखा सकते हैं, प्लीज़?
kya āp apana menū dikha sakate hain, plīz?

Mesa para uno.

एक के लिए टेबल।
ek ke lie tebal.

Somos dos (tres, cuatro).

हम दो (तीन, चार) लोग हैं।
ham do (tīn, chār) log hain.

Para fumadores

स्मोकिंग
smoking

Para no fumadores

नो स्मोकिंग
no smoking

¡Por favor! (llamar al camarero)

एक्सक्यूज़ मी!
eksakyūz mī!

la carta

मेनू
menū

la carta de vinos

वाइन सूची
vain sūchī

La carta, por favor.

मेनू ले आईये प्लीज़।
menū le āīye plīz.

¿Está listo para pedir?

क्या आप ऑर्डर करने के लिए तैयार हैं?
kya āp ordar karane ke lie taiyār hain?

¿Qué quieren pedir?

आप क्या लेना चाहेंगी /चाहेंगी/?
āp kya lena chāhengī /chāhengī/?

Yo quiero …

मेरे लिए ... ले आईए।
mere lie ... le āīe.

Soy vegetariano.

मैं शाकाहारी हूँ।
main shākāhārī hūn.

carne

माँस
māns

pescado

मछली
machhalī

verduras

सब्ज़ियाँ
sabziyān

¿Tiene platos para vegetarianos?

क्या आपके पास शाकाहारी पकवान हैं?
kya āpake pās shākāhārī pakavān hain?

No como cerdo.

मैं सूअर का गोश्त नहीं खाता /खाती/ हूँ।
main sūar ka gosht nahin khāta /khātī/ hūn.

Él /Ella/ no come carne.

वह माँस नहीं खाता /खाती/ है।
vah māns nahin khāta /khātī/ hai.

Soy alérgico a …

मुझे ... से अलर्जी है।
mujhe ... se alarjī hai.

¿Me puede traer …, por favor?

क्या आप मेरे लिए ... ले आएंगे प्लीज़
kya āp mere lie ... le āenge plīz

sal | pimienta | azúcar

नमक । काली मिर्च । चीनी
namak | kālī mirch | chīnī

café | té | postre

कॉफ़ी । चाय । मीठा
kofī | chāy | mītha

agua | con gas | sin gas

पानी । बुदबुदाने वाला पानी । सादा
pānī | budabudāne vāla pānī | sāda

una cuchara | un tenedor | un cuchillo

एक चम्मच । काँटा । चाकू
ek chammach | kānta | chākū

un plato | una servilleta

एक प्लेट । नैपकिन
ek plet | naipakin

¡Buen provecho!

अपने भोजन का आनंद लें!
apane bhojan ka ānand len!

Uno más, por favor.

एक और चाहिए।
ek aur chāhie.

Estaba delicioso.

वह अत्यंत स्वादिष्ट था।
vah atyant svādisht tha.

---

la cuenta | el cambio | la propina

चेक । छुट्टा । टिप
chek | chhutta | tip

La cuenta, por favor.

चेक प्लीज़।
chek plīz.

¿Puedo pagar con tarjeta?

क्या मैं क्रेडिट कार्ड से पे कर
सकता /सकती/ हूँ
kya main kredit kard se pe kar sakata
/sakatī/ hūn?

Perdone, aquí hay un error.

माफ़ कीजिएगा, यहाँ कुछ गलती है।
māf kījiega, yahān kuchh galatī hai.

De Compras

¿Puedo ayudarle?
क्या मैं आपकी मदद कर सकता /सकती/ हूँ?
kya main āpakī madad kar sakata /sakatī/ hūn?

¿Tiene …?
क्या आपके पास ... है?
kya āpake pās ... hai?

Busco …
मैं ... ढूंरह रहा /रही/ हूँ
main ... dhūnrh raha /rahī/ hūn.

Necesito …
मुझे ... चाहिए।
mujhe ... chāhie.

Sólo estoy mirando.
मैं बस देख रहा /रही/ हूँ
main bas dekh raha /rahī/ hūn.

Sólo estamos mirando.
हम बस देख रहे हैं
ham bas dekh rahe hain.

Volveré más tarde.
मैं बाद में वापिस आता /आती/ हूँ
main bād men vāpis ata /ātī/ hūn.

Volveremos más tarde.
हम बाद में वापिस आते हैं
ham bād men vāpis āte hain.

descuentos | oferta
छूट । सेल
chhūt | sel

Por favor, enséñeme …
क्या आप मुझे ... दिखाएंगे /दिखाएंगी/।
kya āp mujhe ... dikhaenge /dikhaengī/.

¿Me puede dar …, por favor?
क्या आप मुझे ... देंगे /देंगी/।
kya āp mujhe ... denge /dengī/.

¿Puedo probarmelo?
क्या मैं इसे पहनकर देख सकता /सकती/ हूँ?
kya main ise pahanakar dekh sakata /sakatī/ hūn?

Perdone, ¿dónde están los probadores?
माफ़ कीजिएगा, ट्राय रूम कहाँ है?
māf kījiega, trāy rūm kahān hai?

¿Qué color le gustaría?
आपको कौन-सा रंग चाहिए?
āpako kaun-sa rang chāhie?

la talla | el largo
साइज़ । लंबाई
saiz | lambāī

¿Cómo le queda? (¿Está bien?)
यह कैसा फिट होता है?
yah kaisa fit hota hai?

¿Cuánto cuesta esto?
यह कितने का है?
yah kitane ka hai?

Es muy caro.
यह बहुत महंगा है।
yah bahut mahanga hai.

Me lo llevo.
मैं इसे ले लूँगा /लूँगी/।
main ise le lūnga /lūngī/.

Perdone, ¿dónde está la caja?

माफ़ कीजिएगा, पे कहाँ करना है?
māf kījiega, pe kahān karana hai?

¿Pagará en efectivo o con tarjeta?

क्या आप नकद में पे करेंगे या क्रेडिट कार्ड से?
kya āp nakad men pe karenge ya kredit kārd se?

en efectivo | con tarjeta

नकद में । क्रेडिट कार्ड से
nakad men | kredit kārd se

¿Quiere el recibo?

क्या आपको रसीद चाहिए?
kya āpako rasīd chāhie?

Sí, por favor.

हाँ, प्लीज़।
hān, plīz.

No, gracias.

नहीं, ज़रूरत नहीं।
nahin, zarūrat nahin.

Gracias. ¡Que tenga un buen día!

शुक्रिया। आपका दिन शुभ हो!
shukriya. āpaka din shubh ho!

En la ciudad

Perdone, por favor.	माफ़ कीजिएगा, ... māf kījiega, ...
Busco ...	मैं ... ढूंढ रहा /रही/ हूँ main ... dhūnrh raha /rahī/ hūn.
el metro	मेट्रो metro
mi hotel	अपना होटल apana hotal
el cine	सिनेमा हॉल sinema hol
una parada de taxis	टैक्सी स्टैंड taiksī staind
un cajero automático	एटीएम etīem
una oficina de cambio	मुद्रा विनिमय केंद्र fŏran eksachenj ofis
un cibercafé	साइबर कैफ़े saibar kaife
la calle ...	... सड़क ... sarak
este lugar	यह जगह yah jagah

¿Sabe usted dónde está ...?	क्या आपको पता है कि ... कहाँ है? kya āpako pata hai ki ... kahān hai?
¿Cómo se llama esta calle?	यह कौन-सी सड़क है? yah kaun-sī sarak hai?
Muestreme dónde estamos ahora.	मुझे दिखाईये कि हम इस वक्त कहां हैं mujhe dikhaīye ki ham is vakt kahān hain.
¿Puedo llegar a pie?	क्या मैं वहाँ पैदल जा सकता /सकती/ हूँ? kya main vahān paidal ja sakata /sakatī/ hūn?
¿Tiene un mapa de la ciudad?	क्या आपके पास शहर का नक्शा है? kya āpake pās shahar ka naksha hai?

¿Cuánto cuesta la entrada?	अंदर जाने का टिकट कितने का है? andar jāne ka tikat kitane ka hai?
¿Se pueden hacer fotos aquí?	क्या मैं यहाँ फोटो खींच सकता /सकती/ हूँ? kya main yahān foto khīnch sakata /sakatī/ hūn?

¿Está abierto?

क्या यह जगह खुली है?
kya yah jagah khulī hai?

¿A qué hora abren?

आप इसे कब खोलते हैं?
āp ise kab kholate hain?

¿A qué hora cierran?

आप इसे कब बंद करते हैं?
āp ise kab band karate hain?

Dinero

dinero	पैसा paisa
efectivo	नकद nakad
billetes	पेपर मनी pepar manī
monedas	सिक्के sikke
la cuenta | el cambio | la propina	चेक | छुट्टा | टिप chek | chhutta | tip
la tarjeta de crédito	क्रेडिट कार्ड kredit kārd
la cartera	बटुआ batua
comprar	खरीदना kharīdana
pagar	भुगतान करना bhugatān karana
la multa	फाइन fain
gratis	मुफ्त muft
¿Dónde puedo comprar …?	मैं ... कहा खरीद सकता /सकती/ हूँ? main ... kahā kharīd sakata /sakatī/ hūn?
¿Está el banco abierto ahora?	क्या बैंक इस वक्त खुला होगा? kya baink is vakt khula hoga?
¿A qué hora abre?	वह कब खुलता है? vah kab khulata hai?
¿A qué hora cierra?	वह कब बंद होता है? vah kab band hota hai?
¿Cuánto cuesta?	कितना? kitana?
¿Cuánto cuesta esto?	यह कितने का है? yah kitane ka hai?
Es muy caro.	यह बहुत महंगा है yah bahut mahanga hai.
Perdone, ¿dónde está la caja?	माफ़ कीजिएगा, पे कहाँ करना है? māf kījiega, pe kahān karana hai?

La cuenta, por favor.

चेक, प्लीज़।
chek, plīz.

¿Puedo pagar con tarjeta?

क्या मैं क्रेडिट कार्ड से पे कर
सकता /सकती/ हूँ?
kya main kredit kārd se pe kar
sakata /sakatī/ hūn?

¿Hay un cajero por aquí?

क्या यहाँ पास में एटीएम है?
kya yahān pās men etīem hai?

Busco un cajero automático.

मैं एटीएम ढूंढ रहा /रही/ हूँ।
main etīem dhūnrh raha /rahī/ hūn.

Busco una oficina de cambio.

मैं मुद्रा विनिमय केंद्र ढूंढ रहा
/रही/ हूँ।
main mudra vinimay kendr dhūnrh raha
/rahī/ hūn.

Quisiera cambiar ...

मैं ... बदलना चाहूँगा /चाहूँगी/।
main ... badalana chāhūngā /chāhūngī/.

¿Cuál es el tipo de cambio?

एक्सचेंज रेट क्या है?
eksachenj ret kya hai?

¿Necesita mi pasaporte?

क्या मुझे पासपोर्ट की ज़रूरत है?
kya mujhe pāsaport kī zarūrat hai?

Tiempo

¿Qué hora es?	क्या बजा है? kya baja hai?
¿Cuándo?	कब? kab?
¿A qué hora?	कितने बजे? kitane baje?
ahora | luego | después de …	अभी | बाद में | … के बाद abhī | bād men | … ke bād
la una	एक बजे ek baje
la una y cuarto	सवा एक बजे sava ek baje
la una y medio	डेढ़ बजे derh baje
las dos menos cuarto	पौने दो बजे paune do baje
una | dos | tres	एक | दो | तीन ek | do | tīn
cuatro | cinco | seis	चार | पांच | छह chār | pānch | chhah
siete | ocho | nueve	सात | आठ | नौ sāt | āth | nau
diez | once | doce	दस | ग्यारह | बारह das | gyārah | bārah
en …	… में … men
cinco minutos	पाँच मिनट pānch minat
diez minutos	दस मिनट das minat
quince minutos	पंद्रह मिनट pandrah minat
veinte minutos	बीस मिनट bīs minat
media hora	आधे घंटे ādha ghanta
una hora	एक घंटे ek ghante
por la mañana	सुबह में subah men

por la mañana temprano	सुबह-सेवरे subah-severe
esta mañana	इस सुबह is subah
mañana por la mañana	कल सुबह kal subah
al mediodía	दोपहर में dopahar men
por la tarde	दोपहर में dopahar men
por la noche	शाम में shām men
esta noche	आज रात āj rāt
por la noche	रात को rāt ko
ayer	कल kal
hoy	आज āj
mañana	कल kal
pasado mañana	कल के बाद वाला दिन kal ke bād vāla din
¿Qué día es hoy?	आज कौन-सा दिन है? āj kaun-sa din hai?
Es ...	आज ... है। āj ... hai.
lunes	सोमवार somavār
martes	मंगलवार mangalavār
miércoles	बुधवार budhavār
jueves	गुरुवार guruvār
viernes	शुक्रवार shukravār
sábado	शनिवार shanivār
domingo	रविवार ravivār

Saludos. Presentaciones.

Hola. | नमस्कार
namaskār.

Encantado /Encantada/ de conocerle. | आपसे मिलकर ख़ुशी हुई।
āpase milakar khushī huī.

Yo también. | मुझे भी।
mujhe bhī.

Le presento a … | मैं आपको … से मिलाना चाहूँगा
/चाहूँगी/।
main āpako … se milāna chāhūnga
/chāhūngī/.

Encantado. | आपसे मिलकर अच्छा लगा
āpase milakar achchha laga.

¿Cómo está? | आप कैसे /कैसी/ हैं?
āp kaise /kaisī/ hain?

Me llamo … | मेरा नाम … है
mera nām … hai.

Se llama … | इसका नाम … है।
isaka nām … hai.

Se llama … | इसका नाम … है।
isaka nām … hai.

¿Cómo se llama (usted)? | आपका क्या नाम है?
āpaka kya nām hai?

¿Cómo se llama (él)? | इसका क्या नाम है?
isaka kya nām hai?

¿Cómo se llama (ella)? | इसका क्या नाम है?
isaka kya nām hai?

¿Cuál es su apellido? | आपका आख़िरी नाम क्या है?
āpaka ākhirī nām kya hai?

Puede llamarme … | आप मुझे … बुला सकते /सकती/ हैं।
āp mujhe … bula sakate /sakatī/ hain.

¿De dónde es usted? | आप कहाँ से हैं?
āp kahān se hain?

Yo soy de …. | मैं … हूँ।
main … hūn.

¿A qué se dedica? | आप क्या काम करते /करती/ हैं?
āp kya kām karate /karatī/ hain?

¿Quién es? | यह कौन है?
yah kaun hai?

¿Quién es él? | यह कौन है?
yah kaun hai?

¿Quién es ella?	यह कौन है? yah kaun hai?
¿Quiénes son?	ये कौन हैं? ye kaun hain?

Este es …	यह … है। yah … hai.
mi amigo	मेरा दोस्त mera dost
mi amiga	मेरी सहेली merī sahelī
mi marido	मेरे पति mere pati
mi mujer	मेरी पत्नी merī patnī

mi padre	मेरे पिता mere pita
mi madre	मेरी माँ merī mān
mi hermano	मेरे भाई mere bhaī
mi hermana	मेरी बहन merī bahan
mi hijo	मेरा बेटा mera beta
mi hija	मेरी बेटी merī betī

Este es nuestro hijo.	यह मेरा बेटा है। yah mera beta hai.
Esta es nuestra hija.	यह मेरी बेटी है। yah merī betī hai.
Estos son mis hijos.	ये मेरे बच्चे हैं। ye mere bachche hain.
Estos son nuestros hijos.	ये हमारे बच्चे हैं। ye hamāre bachche hain.

Despedidas

¡Adiós!	अलविदा! alavida!
¡Chau!	बाय! bāy!
Hasta mañana.	कल मिलते हैं। kal milate hain.
Hasta pronto.	जल्दी मिलते हैं। jaldī milate hain.
Te veo a las siete.	सात बजे मिलते हैं। sāt baje milate hain.
¡Que se diviertan!	मज़े करो! maze karo!
Hablamos más tarde.	बाद में बात करते हैं। bād men bāt karate hain.
Que tengas un buen fin de semana.	तुम्हारा सप्ताहांत शुभ रहे। tumhāra saptāhānt shubh rahe.
Buenas noches.	शुभ रात्रि। shubh rātri.
Es hora de irme.	मेरे जाने का वक्त हो गया है। mere jāne ka vakt ho gaya hai.
Tengo que irme.	मुझे जाना होगा। mujhe jāna hai.
Ahora vuelvo.	मैं अभी वापिस आता /आती/ हूँ। main abhī vāpis āta /ātī/ hūn.
Es tarde.	देर हो गई है। der ho gaī hai.
Tengo que levantarme temprano.	मुझे जल्दी उठना है। mujhe jaldī uthana hai.
Me voy mañana.	मैं कल जाने वाला /वाली/ हूँ। main kal jāne vāla /vālī/ hūn.
Nos vamos mañana.	हम कल जाने वाले हैं। ham kal jāne vāle hain.
¡Que tenga un buen viaje!	आपकी यात्रा शानदार हो! āpakī yātra shānadār ho!
Ha sido un placer.	आपसे मिलकर अच्छा लगा। āpase milakar achchha laga.
Fue un placer hablar con usted.	आपसे बातें करके अच्छा लगा। āpase bāten karake achchha laga.
Gracias por todo.	हर चीज़ के लिए शुक्रिया। har chīz ke lie shukriya.

Lo he pasado muy bien.

मैंने बहुत अच्छा वक्त बिताया।
mainne bahut achchha vakt bitāya.

Lo pasamos muy bien.

हमने बहुत अच्छा वक्त बिताया।
hamane bahut achchha vakt bitāya.

Fue genial.

बहुत मज़ा आया।
bahut maza āya.

Le voy a echar de menos.

मुझे तुम्हारी याद आएगी।
mujhe tumhārī yād āegī.

Le vamos a echar de menos.

हमें आपकी याद आएगी।
hamen āpakī yād āegī.

¡Suerte!

गुड लक!
gud lak!

Saludos a …

… को नमस्ते बोलना।
… ko namaste bolana.

Idioma extranjero

No entiendo.	मुझे समझ नहीं आया। mujhe samajh nahin āya.
Escríbalo, por favor.	इसे लिख दीजिए, प्लीज़। ise likh dījie, plīz.
¿Habla usted …?	क्या आप ... बोलते /बोलती/ हैं? kya āp ... bolate /bolatī/ hain?

Hablo un poco de …	मैं थोड़ा-बहुत ... बोल सकता /सकती/ हूँ। main thora-bahut ... bol sakata /sakatī/ hūn.
inglés	अंग्रेज़ी angrezī
turco	तुर्की turkī
árabe	अरबी arabī
francés	फ्रांसिसी frānsisī

alemán	जर्मन jarman
italiano	इतालवी itālavī
español	स्पेनी spenī
portugués	पुर्तगाली purtagālī
chino	चीनी chīnī
japonés	जापानी jāpānī

¿Puede repetirlo, por favor?	क्या आप इसे दोहरा सकते हैं kya āp ise dohara sakate hain.
Lo entiendo.	मैं समझ गया /गई/। main samajh gaya /gaī/.
No entiendo.	मुझे समझ नहीं आया। mujhe samajh nahin āya.
Hable más despacio, por favor.	कृपया थोड़ा और धीरे बोलिये। krpaya thora aur dhīre boliye.

¿Está bien?

क्या यह सही है?
kya yah sahī hai?

¿Qué es esto? (¿Que significa esto?)

यह क्या है?
yah kya hai?

Disculpas

Perdone, por favor.	मुझे माफ़ करना। mujhe māf karana.
Lo siento.	मुझे माफ़ कर दो। mujhe māf karana.
Lo siento mucho.	मैं बहुत शर्मिन्दा हूँ। main bahut sharminda hūn.
Perdón, fue culpa mía.	माफ़ करना, यह मेरी गलती है। māf karana, yah merī galatī hai.
Culpa mía.	मेरी गलती। merī galatī.

¿Puedo …?	क्या मैं ... सकता /सकती/ हूँ? kya main ... sakata /sakatī/ hūn?
¿Le molesta si …?	क्या मैं ... सकता /सकती/ हूँ? kya main ... sakata /sakatī/ hūn?
¡No hay problema! (No pasa nada.)	कोई बात नहीं। koī bāt nahin.
Todo está bien.	सब कुछ ठीक है। sab kuchh thīk hai.
No se preocupe.	फिक्र मत करो। fikr mat karo.

Acuerdos

Sí.
हाँ
hān.

Sí, claro.
हाँ, बिल्कुल
hān, bilkul.

Bien.
ओके! बढ़िया!
oke! barhiya!

Muy bien.
ठीक है
thīk hai.

¡Claro que sí!
बिल्कुल!
bilkul!

Estoy de acuerdo.
मैं सहमत हूँ
main sahamat hūn.

Es verdad.
यह सही है
yah sahī hai.

Es correcto.
यह ठीक है
yah thīk hai.

Tiene razón.
आप सही हैं
āp sahī hain.

No me molesta.
मुझे बुरा नहीं लगेगा
mujhe bura nahin lagega.

Es completamente cierto.
बिल्कुल सही
bilkul sahī.

Es posible.
हो सकता है
ho sakata hai.

Es una buena idea.
यह अच्छा विचार है
yah achchha vichār hai.

No puedo decir que no.
मैं नहीं नहीं बोल सकता
/सकती/ हूँ
main nahin nahin bol sakata
/sakatī/ hūn.

Estaré encantado /encantada/.
मुझे खुश होगी
mujhe khush hogī.

Será un placer.
खुशी से
khushī se.

Rechazo. Expresar duda

No.
नहीं।
nahin.

Claro que no.
बिल्कुल नहीं।
bilkul nahin.

No estoy de acuerdo.
मैं सहमत नहीं हूँ।
main sahamat nahin hūn.

No lo creo.
मुझे नहीं लगता है।
mujhe nahin lagata hai.

No es verdad.
यह सही नहीं है।
yah sahī nahin hai.

No tiene razón.
आप गलत हैं।
āp galat hain.

Creo que no tiene razón.
मेरे ख्याल में आप गलत हैं।
mere khyāl men āp galat hain.

No estoy seguro /segura/.
मुझे पक्का नहीं पता है।
mujhe pakka nahin pata hai.

No es posible.
यह मुमकिन नहीं है।
yah mumakin nahin hai.

¡Nada de eso!
ऐसा कुछ नहीं हुआ!
aisa kuchh nahin hua!

Justo lo contrario.
इससे बिल्कुल उलटा।
isase bilkul ulata.

Estoy en contra de ello.
मैं इसके खिलाफ़ हूँ।
main isake khilāf hūn.

No me importa. (Me da igual.)
मुझे कोई फर्क नहीं पड़ता।
mujhe koī fark nahin parata.

No tengo ni idea.
मुझे कुछ नहीं पता।
mujhe kuchh nahin pata.

Dudo que sea así.
मुझे इस बात पर शक है।
mujhe is bāt par shak hai.

Lo siento, no puedo.
माफ़ करना, मैं नहीं कर सकता
/सकती/ हूँ।
māf karana, main nahin kar sakata
/sakatī/ hūn.

Lo siento, no quiero.
माफ़ करना, मैं नहीं करना चाहता
/चाहती/ हूँ।
māf karana, main nahin karana chāhata
/chāhatī/ hūn.

Gracias, pero no lo necesito.
शुक्रिया, मगर मुझे इसकी ज़रूरत
नहीं है।
shukriya, magar mujhe isakī zarūrat
nahin hai.

Ya es tarde.

देर हो रही है।
der ho rahī hai.

Tengo que levantarme temprano.

मुझे जल्दी उठना है।
mujhe jaldī uthana hai.

Me encuentro mal.

मेरी तबियत ठीक नहीं है।
merī tabiyat thīk nahin hai.

Expresar gratitud

Gracias.	शुक्रिया। shukriya.
Muchas gracias.	बहुत बहुत शुक्रिया। bahut bahut shukriya.
De verdad lo aprecio.	मैं बहुत आभारी हूँ। main bahut ābhārī hūn.
Se lo agradezco.	मैं बहुत बहुत आभारी हूँ। main bahut bahut ābhārī hūn.
Se lo agradecemos.	हम बहुत आभारी हैं। ham bahut ābhārī hain.
Gracias por su tiempo.	आपके वक्त के लिए शुक्रिया। āpake vakt ke lie shukriya.
Gracias por todo.	हर चीज़ के लिए शुक्रिया। har chīz ke lie shukriya.
Gracias por …	... के लिए शुक्रिया। ... ke lie shukriya.
su ayuda	आपकी मदद āpakī madad
tan agradable momento	अच्छे वक्त achchhe vakt
una comida estupenda	बढ़िया खाने barhiya khāne
una velada tan agradable	खुशनुमा शाम khushanuma shām
un día maravilloso	बढ़िया दिन barhiya din
un viaje increíble	अद्भुत सफर adbhut safar
No hay de qué.	शुक्रिया की कोई ज़रूरत नहीं। shukriya kī koī zarūrat nahin.
De nada.	आपका स्वागत है। āpaka svāgat hai.
Siempre a su disposición.	कभी भी। kabhī bhī.
Encantado /Encantada/ de ayudarle.	यह मेरे लिए खुशी की बात है। yah mere lie khushī kī bāt hai.
No hay de qué.	भूल जाओ। bhūl jao.
No tiene importancia.	फिक्र मत करो। fikr mat karo.

Felicitaciones , Mejores Deseos

¡Felicidades!
मुबारक हो!
mubārak ho!

¡Feliz Cumpleaños!
जन्मदिन की बधाई!
janmadin kī badhaī!

¡Feliz Navidad!
बड़ा दिन मुबारक हो!
bara din mubārak ho!

¡Feliz Año Nuevo!
नए साल की बधाई!
nae sāl kī badhaī!

¡Felices Pascuas!
ईस्टर की शुभकामनाएं!
īstar kī shubhakāmanaen!

¡Feliz Hanukkah!
हनुका की बधाईयाँ!
hanuka kī badhaīyān!

Quiero brindar.
मैं एक टोस्ट करना चाहूँगा /चाहूँगी/।
main ek tost karana chāhūnga /chāhūngī/.

¡Salud!
चियर्स!
chiyars!

¡Brindemos por …!
... के लिए पीया जाए!
... ke lie pīya jae!

¡A nuestro éxito!
हमारी कामियाबी!
hamārī kāmiyābī!

¡A su éxito!
आपकी कामियाबी!
āpakī kāmiyābī!

¡Suerte!
गुड लक!
gud lak!

¡Que tenga un buen día!
आपका दिन शुभ हो!
āpaka din shubh ho!

¡Que tenga unas buenas vacaciones!
आपकी छुट्टी अच्छी रहे!
āpakī chhuttī achchhī rahe!

¡Que tenga un buen viaje!
आपका सफर सुरक्षित रहे!
āpaka safar surakshit rahe!

¡Espero que se recupere pronto!
मैं उम्मीद करता /करती/ हूँ कि आप जल्द ही ठीक हो जाएंगे!
main ummīd karata /karatī/ hūn ki āp jald hī thīk ho jaenge!

Socializarse

¿Por qué está triste?	आप उदास क्यों हैं? āp udās kyon hain?
¡Sonría! ¡Anímese!	मुस्कुराओ! खुश रहो! muskurao! khush raho!
¿Está libre esta noche?	क्या आप आज रात फ़्री हैं? kya āp āj rāt frī hain?
¿Puedo ofrecerle algo de beber?	क्या मैं आपके लिए एक ड्रिंक खरीद सकता /सकती/ हूँ? kya main āpake lie ek drink kharīd sakata /sakatī/ hūn?
¿Querría bailar conmigo?	क्या आप डांस करना चाहेंगी /चाहेंगी/? kya āp dāns karana chāhengī /chāhengī/?
Vamos a ir al cine.	चलिए फ़िल्म देखने चलते हैं। chalie film dekhane chalate hain.
¿Puedo invitarle a ...?	क्या मैं आपको ... इन्वाइट कर सकता /सकती/ हूँ? kya main āpako ... invait kar sakata /sakatī/ hūn?
un restaurante	रेस्तरां restarān
el cine	फ़िल्म के लिए film ke lie
el teatro	थियेटर के लिए thiyetar ke lie
dar una vuelta	वॉक के लिए vok ke lie
¿A qué hora?	कितने बजे? kitane baje?
esta noche	आज रात āj rāt
a las seis	छह बजे chhah baje
a las siete	सात बजे sāt baje
a las ocho	आठ बजे āth baje
a las nueve	नौ बजे nau baje

¿Le gusta este lugar?

क्या आपको यहाँ अच्छा लगता है?
kya āpako yahān achchha lagata hai?

¿Está aquí con alguien?

क्या आप यहाँ किसी के साथ
आए /आई/ हैं?
kya āp yahān kisī ke sāth
āe /āī/ hain?

Estoy con mi amigo /amiga/.

मैं अपने दोस्त के साथ हूँ।
main apane dost ke sāth hūn.

Estoy con amigos.

मैं अपने दोस्तों के साथ हूँ।
main apane doston ke sāth hūn.

No, estoy solo /sola/.

नहीं, मैं अकेला /अकेली/ हूँ।
nahin, main akela /akelī/ hūn.

¿Tienes novio?

क्या आपका कोई बॉयफ्रेंड है?
kya āpaka koī boyafrend hai?

Tengo novio.

मेरा बॉयफ्रेंड है।
mera boyafrend hai.

¿Tienes novia?

क्या आपकी कोई गर्लफ्रेंड है?
kya āpakī koī garlafrend hai?

Tengo novia.

मेरी एक गर्लफ्रेंड है।
merī ek garlafrend hai.

¿Te puedo volver a ver?

क्या आपसे फिर मिल सकता
/सकती/ हूँ?
kya āpase fir mil sakata
/sakatī/ hūn?

¿Te puedo llamar?

क्या मैं आपको कॉल कर सकता
/सकती/ हूँ?
kya main āpako kol kar sakata
/sakatī/ hūn?

Llámame.

मुझे कॉल करना।
mujhe kol karana.

¿Cuál es tu número?

आपका नंबर क्या है?
āpaka nambar kya hai?

Te echo de menos.

मुझे तुम्हारी याद आ रही है।
mujhe tumhārī yād ā rahī hai.

¡Qué nombre tan bonito!

आपका नाम बहुत खूबसूरत है।
āpaka nām bahut khūbasūrat hai.

Te quiero.

मैं तुमसे प्यार करता /करती/ हूँ।
main tumase pyār karata /karatī/ hūn.

¿Te casarías conmigo?

क्या तुम मुझसे शादी करोगे /करोगी/?
kya tum mujhase shādī karoge /karogī/?

¡Está de broma!

तुम मज़ाक कर रहे /रही/ हो!
tum mazāk kar rahe /rahī/ ho!

Sólo estoy bromeando.

मैं बस मज़ाक कर रहा रही हूँ।
main bas mazāk kar raha rahī hūn.

¿En serio?

क्या आप सीरियस हैं?
kya āp sīriyas hain?

Lo digo en serio.

मैं सीरियस हूँ।
main sīriyas hūn.

¿De verdad?

सच में?!
sach men?!

¡Es increíble!

मुझे यकिन नहीं होता!
mujhe yakin nahin hota!

No le creo.

मुझे तुम पर यकिन नहीं है।
mujhe tum par yakin nahin hai.

No puedo.

मैं नहीं आ सकता /सकती/।
main nahin ā sakata /sakatī/.

No lo sé.

मुझे नहीं मालूम।
mujhe nahin mālūm.

No le entiendo.

मुझे आपकी बात समझ नहीं आई।
mujhe āpakī bāt samajh nahin āī.

Váyase, por favor.

यहाँ से चले जाईये।
yahān se chale jaīye.

¡Déjeme en paz!

मुझे अकेला छोड़ दो!
mujhe akela chhor do!

Es inaguantable.

मैं उसे बर्दाश्त नहीं कर सकता /सकती/ हूँ।
main use bārdāsht nahin kar sakata /sakatī/ hūn.

¡Es un asqueroso!

तुमसे घिन्न आती है!
tumase ghinn ātī hai!

¡Llamaré a la policía!

मैं पुलिस बुला लूँगा /लूँगी/!
main pulis bula lūnga /lūngī/!

Compartir impresiones. Emociones

Me gusta.	मुझे यह पसंद है। mujhe yah pasand hai.
Muy lindo.	बहुत अच्छा। bahut achchha.
¡Es genial!	बहुत बढ़िया! bahut barhiya!
No está mal.	बुरा नहीं है। bura nahin hai.

No me gusta.	मुझे यह पसंद नहीं है। mujhe yah pasand nahin hai.
No está bien.	यह अच्छा नहीं है। yah achchha nahin hai.
Está mal.	यह बुरा है। yah bura hai.
Está muy mal.	यह बहुत बुरा है। yah bahut bura hai.
¡Qué asco!	यह घिनौना है। yah ghinauna hai.

Estoy feliz.	मैं खुश हूँ। main khush hūn.
Estoy contento /contenta/.	मैं संतुष्ट हूँ। main santusht hūn.
Estoy enamorado /enamorada/.	मुझे प्यार हो गया है। mujhe pyār ho gaya hai.
Estoy tranquilo.	मैं शांत हूँ। main shānt hūn.
Estoy aburrido.	मुझे बोरियत हो रही है। mujhe boriyat ho rahī hai.

Estoy cansado /cansada/.	मैं थक गया /गई/ हूँ। main thak gaya /gaī/ hūn.
Estoy triste.	मैं दुखी हूँ। main dukhī hūn.
Estoy asustado.	मुझे डर लग रहा हैं। mujhe dar lag raha hain.
Estoy enfadado /enfadada/.	मुझे गुस्सा आ रहा है। mujhe gussa ā raha hai.

Estoy preocupado /preocupada/.	मैं परेशान हूँ। main pareshān hūn.
Estoy nervioso /nerviosa/.	मुझे घवराहट हो रही है। mujhe ghavarāhat ho rahī hai.

Estoy celoso /celosa/.   मुझे जलन हो रही है।
mujhe jalan ho rahī hai.

Estoy sorprendido /sorprendida/.   मुझे हैरानी हो रही है।
mujhe hairānī ho rahī hai.

Estoy perplejo /perpleja/.   मुझे समझ नहीं आ रहा है।
mujhe samajh nahin ā raha hai.

Problemas, Accidentes

Tengo un problema.	मुझे एक परेशानी है। mujhe ek pareshānī hai.
Tenemos un problema.	हमें परेशानी है। hamen pareshānī hai.
Estoy perdido /perdida/.	मैं खो गया /गई/ हूँ main kho gaya /gaī/ hūn.
Perdí el último autobús (tren).	मुझसे आखिरी बस छूट गई। mujhase ākhirī bas chhūt gaī.
No me queda más dinero.	मेरे पास पैसे नहीं बचे। mere pās paise nahin bache.

He perdido …	मेरा ... खो गया है। mera ... kho gaya hai.
Me han robado …	किसी ने मेरा ... चुरा लिया। kisī ne mera ... churā liya.
mi pasaporte	पासपोर्ट pāsaport
mi cartera	बटुआ batua
mis papeles	कागज़ात kāgazāt
mi billete	टिकट tikat

mi dinero	पैसा paisa
mi bolso	पर्स pars
mi cámara	कैमरा kaimara
mi portátil	लैपटॉप laipatop
mi tableta	टैबलेट taibalet
mi teléfono	मोबाइल फ़ोन mobail fon

¡Ayúdeme!	मेरी मदद करो! merī madad karo!
¿Qué pasó?	क्या हुआ? kya hua?
el incendio	आग āg

un tiroteo	गोलियाँ चल रही हैं
	goliyān chal rahī hain
el asesinato	कत्ल हो गया है
	katl ho gaya hai
una explosión	विस्फोट हो गया है
	visfot ho gaya hai
una pelea	लड़ाई हो गई है
	laraī ho gaī hai

¡Llame a la policía!	पुलिस को बुलाओ!
	pulis ko bulāo!
¡Más rápido, por favor!	कृपया जल्दी करें!
	krpaya jaldī karen!
Busco la comisaría.	मैं पुलिस थाना ढूंढ रहा /रही/ हूँ
	main pulis thāna dhūnrh raha /rahī/ hūn.
Tengo que hacer una llamada.	मुझे फ़ोन करना है
	mujhe fon karana hai.
¿Puedo usar su teléfono?	क्या मैं आपका फ़ोन इस्तेमाल कर सकता /सकती/ हूँ?
	kya main āpaka fon istemāl kar sakata /sakatī/ hūn?

asaltado /asaltada/	मेरा सामान चुरा लिया गया है
	mera sāmān chura liya gaya hai
robado /robada/	मुझे लूट लिया गया है
	mujhe lūt liya gaya hai
violada	मेरा बालात्कार किया गया है
	mera bālātkār kiya gaya hai
atacado /atacada/	मुझे पीटा गया है
	mujhe pīta gaya hai

¿Se encuentra bien?	क्या आप ठीक हैं?
	kya āp thīk hain?
¿Ha visto quien a sido?	क्या आपने देखा कौन था?
	kya āpane dekha kaun tha?
¿Sería capaz de reconocer a la persona?	क्या आप उसे पहचान सकेंगे /सकेंगी/?
	kya āp use pahachān sakenge /sakengī/?
¿Está usted seguro?	क्या आपको यकीन है?
	kya āpako yakīn hai?

Por favor, cálmese.	कृपया शांत हो जाएं|
	krpaya shānt ho jaen.
¡Cálmese!	आराम से!
	ārām se!
¡No se preocupe!	चिंता मत करो!
	chinta mat karo!
Todo irá bien.	सब ठीक हो जायेगा|
	sab thīk ho jāyega.
Todo está bien.	सब कुछ ठीक है|
	sab kuchh thīk hai.

Venga aquí, por favor.

कृपया यहाँ आइये।
krpaya yahān āiye.

Tengo unas preguntas para usted.

मेरे पास तुम्हारे लिए कुछ प्रश्न है।
mere pās tumhāre lie kuchh prashn hai.

Espere un momento, por favor.

कृपया एक क्षण रुकें।
krpaya ek kshan ruken.

¿Tiene un documento de identidad?

क्या आपके पास आईडी है?
kya āpake pās āīdī hai?

Gracias. Puede irse ahora.

धन्यवाद। आप अब जा सकते
/सकती/ हैं।
dhanyavād. āp ab ja sakate
/sakatī/ hain.

¡Manos detrás de la cabeza!

अपने हाथ सिर के पीछे रखें!
apane hāth sir ke pīchhe rakhen!

¡Está arrestado!

आप हिरासत में हैं!
āp hirāsat men hain!

Problemas de salud

Ayudeme, por favor.	कृपया मेरी मदद करें। kṛpaya merī madad karen.
No me encuentro bien.	मेरी तबियत ठीक नहीं है। merī tabiyat thīk nahin hai.
Mi marido no se encuentra bien.	मेरे पति को ठीक महसूस नहीं हो रहा है। mere pati ko thīk mahasūs nahin ho raha hai.
Mi hijo …	मेरे बेटे ... mere bete ...
Mi padre …	मेरे पिता ... mere pita ...
Mi mujer no se encuentra bien.	मेरी पत्नी को ठीक महसूस नहीं हो रहा है। merī patnī ko thīk mahasūs nahin ho raha hai.
Mi hija …	मेरी बेटी ... merī betī ...
Mi madre …	मेरी माँ ... merī mān ...
la cabeza	मुझे सिरदर्द है। mujhe siradard hai.
la garganta	मेरा गला ख़राब है। mera gala kharāb hai.
el estómago	मेरे पेट में दर्द है। mere pet men dard hai.
un diente	मेरे दाँत में दर्द है। mere dānt men dard hai.
Estoy mareado.	मुझे चक्कर आ रहा है। mujhe chakkar ā raha hai.
Él tiene fiebre.	इसे बुख़ार है। ise bukhār hai.
Ella tiene fiebre.	इसे बुख़ार है। ise bukhār hai.
No puedo respirar.	मैं साँस नहीं ले पा रहा /रही/ हूँ। main sāns nahin le pa raha /rahī/ hūn.
Me ahogo.	मेरी साँस फूल रही है। merī sāns ful rahī hai.
Tengo asma.	मुझे दमा है। mujhe dama hai.

Tengo diabetes.

मैं मधुमेह का /की/ रोगी हूँ।
main madhumeh ka /kī/ rogī hūn.

No puedo dormir.

मैं सो नहीं पा रहा /रही/ हूँ।
main so nahin pa raha /rahī/ hūn.

intoxicación alimentaria

फ़ुड पॉप्ज़निंग
fud poezaning

Me duele aquí.

यहाँ दुखता हैं।
yahān dukhata hain.

¡Ayúdeme!

मेरी मदद करो!
merī madad karo!

¡Estoy aquí!

मैं यहाँ हूँ!
main yahān hūn!

¡Estamos aquí!

हम यहाँ हैं!
ham yahān hain!

¡Saquenme de aquí!

मुझे यहां से बाहर निकालो!
mujhe yahān se bāhar nikālo!

Necesito un médico.

मुझे एक डॉक्टर की ज़रुरत है।
mujhe ek doktar kī zarurat hai.

No me puedo mover.

मैं हिल नहीं सकता /सकती/ हूँ।
main hil nahin sakata /sakatī/ hūn.

No puedo mover mis piernas.

मैं अपने पैरों को नहीं हिला पा रहा /रही/ हूँ।
main apane pairon ko nahin hila pa raha /rahī/ hūn.

Tengo una herida.

मुझे चोट लगी है।
mujhe chot lagī hai.

¿Es grave?

क्या यह गंभीर है?
kya yah gambhīr hai?

Mis documentos están en mi bolsillo.

मेरे दस्तावेज़ मेरी जेब में हैं।
mere dastāvez merī jeb men hain.

¡Cálmese!

शांत हो जाओ!
shānt ho jao!

¿Puedo usar su teléfono?

क्या मैं आपका फ़ोन इस्तेमाल कर सकता /सकती/ हूँ?
kya main āpaka fon istemāl kar sakata /sakatī/ hūn?

¡Llame a una ambulancia!

एम्बुलेन्स बुलाओ!
embulens bulao!

¡Es urgente!

बहुत ज़रूरी है!
bahut zarūrī hai!

¡Es una emergencia!

यह एक आपातकाल है!
yah ek āpātakāl hai!

¡Más rápido, por favor!

कृपया जल्दी करें!
krpaya jaldī karen!

¿Puede llamar a un médico, por favor?

क्या आप डॉक्टर को बुला देंगे /देंगी/?
kya āp doktar ko bula denge /dengī/?

¿Dónde está el hospital?

अस्पताल कहाँ है?
aspatāl kahān hai?

¿Cómo se siente?   आप कैसा महसूस कर रहे /रही/ हैं?
                                āp kaisa mahasūs kar rahe /rahī/ hain?

¿Se encuentra bien?   क्या आप ठीक हैं?
                                kya āp thīk hain?

¿Qué pasó?   क्या हुआ?
                                kya hua?

Me encuentro mejor.   मैं अब ठीक हूँ।
                                main ab thīk hūn.

Está bien.   सब ठीक है।
                                sab thīk hai.

Todo está bien.   सब कुछ ठीक है।
                                sab kuchh thīk hai.

En la farmacia

la farmacia	दवा की दुकान dava kī dūkān
la farmacia 24 horas	चौबीसू घंटे खुलने वाली दवा की दुकान chaubīs ghante khulane vālī dava kī dukān
¿Dónde está la farmacia más cercana?	सबसे करीबी दवा की दुकान कहाँ है? sabase karībī dava kī dukān kahān hai?
¿Está abierta ahora?	क्या वह अभी खुली है? kya vah abhī khulī hai?
¿A qué hora abre?	वह कितने बजे खुलती है? vah kitane baje khulatī hai?
¿A qué hora cierra?	वह कितने बजे बंद होती है? vah kitane baje band hotī hai?
¿Está lejos?	क्या वह दूर है? kya vah dūr hai?
¿Puedo llegar a pie?	क्या मैं वहाँ पैदल जा सकता /सकती/ हूँ? kya main vahān paidal ja sakata /sakatī/ hūn?
¿Puede mostrarme en el mapa?	क्या आप मुझे नक्शे पर दिखा सकते /सकती/ हैं? kya āp mujhe nakshe par dikha sakate /sakatī/ hain?
Por favor, deme algo para ...	मुझे ... के लिए कुछ दे दें। mujhe ... ke lie kuchh de den.
un dolor de cabeza	सिरदर्द siradard
la tos	खाँसी khānsī
el resfriado	ज़ुकाम zukām
la gripe	ज़ुकाम-बुखार zukām-bukhār
la fiebre	बुखार bukhār
un dolor de estomago	पेट दर्द pet dard
nauseas	मतली matalī

la diarrea	दस्त dast
el estreñimiento	कब्ज़ kabz

un dolor de espalda	पीठ दर्द pīth dard
un dolor de pecho	सीने में दर्द sīne men dard
el flato	पेट की माँसपेशी में दर्द pet kī mānsapeshī men dard
un dolor abdominal	पेट दर्द pet dard

la píldora	दवा dava
la crema	मरहम, क्रीम maraham, krīm
el jarabe	सिरप sirap
el spray	स्प्रे spre
las gotas	ड्रॉप drop

Tiene que ir al hospital.	आपको अस्पताल जाना चाहिए। āpako aspatāl jāna chāhie.
el seguro de salud	स्वास्थ्य बीमा svāsthy bīma
la receta	नुस्खा nuskha
el repelente de insectos	कीटरोधक kītarodhak
la curita	बैंड एड baind ed

Lo más imprescindible

Perdone, …	माफ़ कीजिएगा, … māf kījiega, …
Hola.	नमस्कार। namaskār.
Gracias.	शुक्रिया। shukriya.

Sí.	हाँ। hān.
No.	नहीं। nahin.
No lo sé.	मुझे नहीं मालूम। mujhe nahin mālūm.
¿Dónde? | ¿A dónde? | ¿Cuándo?	कहाँ? | कहाँ जाना है? | कब? kahān? | kahān jāna hai? | kab?

Necesito …	मुझे … चाहिए। mujhe … chāhie.
Quiero …	मैं … चाहता /चाहती/ हूँ। main … chāhata /chāhatī/ hūn.
¿Tiene …?	क्या आपके पास … है? kya āpake pās … hai?
¿Hay … por aquí?	क्या यहाँ … है? kya yahān … hai?
¿Puedo …?	क्या मैं … सकता /सकती/ हूँ? kya main … sakata /sakatī/ hūn?
…, por favor? (petición educada)	…, कृपया। …, krpaya.

Busco …	मैं … ढूंढ रहा /रही/ हूँ। main … dhūnrh raha /rahī/ hūn.
el servicio	शौचालय shauchālay
un cajero automático	एटीएम etīem
una farmacia	दवा की दुकान dava kī dūkān
el hospital	अस्पताल aspatāl

la comisaría	पुलिस थाना pulis thāna
el metro	मेट्रो metro

un taxi	टैक्सी taiksī
la estación de tren	ट्रेन स्टेशन tren steshan

Me llamo …	मेरा नाम ... है। mera nām ... hai
¿Cómo se llama?	आपका क्या नाम है? āpaka kya nām hai?
¿Puede ayudarme, por favor?	क्या आप मेरी मदद कर सकते /सकती/ हैं? kya āp merī madad kar sakate /sakatī/ hain?
Tengo un problema.	मुझे एक परेशानी है। mujhe ek pareshānī hai.
Me encuentro mal.	मेरी तबियत ठीक नहीं है। merī tabiyat thīk nahin hai.
¡Llame a una ambulancia!	एम्बुलेन्स बुलाओ! embulens bulao!
¿Puedo llamar, por favor?	क्या मैं एक फ़ोन कर सकता /सकती/ हूँ? kya main ek fon kar sakata /sakatī/ hūn?

Lo siento.	मुझे माफ़ करना। mujhe māf kar do.
De nada.	आपका स्वागत है। āpaka svāgat hai.

Yo	मैं main
tú	तू tū
él	वह vah
ella	वह vah
ellos	वे ve
ellas	वे ve
nosotros /nosotras/	हम ham
ustedes, vosotros	तुम tum
usted	आप āp

ENTRADA	प्रवेश pravesh
SALIDA	निकास nikās

FUERA DE SERVICIO	ख़राब है kharāb hai
CERRADO	बंद band
ABIERTO	खुला khula
PARA SEÑORAS	महिलाओं के लिए mahilaon ke lie
PARA CABALLEROS	पुरूषों के लिए purūshon ke lie

VOCABULARIO TEMÁTICO

Esta sección contiene más
de 3.000 de las palabras más
importantes. El diccionario
le proporcionará una ayuda
inestimable mientras viaja al
extranjero, porque las palabras
individuales son a menudo
suficientes para que
le entiendan.
El diccionario incluye una
transcripción adecuada
de cada palabra extranjera

T&P Books Publishing

CONTENIDO
DEL DICCIONARIO

T&P Books Publishing

CONCEPTOS BÁSICOS

T&P Books Publishing

1. Los pronombres

yo	मैं	main
tú	तुम	tum
él, ella, ello	वह	vah
nosotros, -as	हम	ham
vosotros, -as	आप	āp
ellos, ellas	वे	ve

2. Saludos. Salutaciones

¡Hola! (fam.)	नमस्कार!	namaskār!
¡Hola! (form.)	नमस्ते!	namaste!
¡Buenos días!	नमस्ते!	namaste!
¡Buenas tardes!	नमस्ते!	namaste!
¡Buenas noches!	नमस्ते!	namaste!
decir hola	नमस्कार कहना	namaskār kahana
¡Hola! (a un amigo)	नमस्कार!	namaskār!
saludo (m)	अभिवादन (m)	abhivādan
saludar (vt)	अभिवादन करना	abhivādan karana
¿Cómo estás?	आप कैसे हैं?	āp kaise hain?
¿Qué hay de nuevo?	क्या हाल है?	kya hāl hai?
¡Chau! ¡Adiós!	अलविदा!	alavida!
¡Hasta pronto!	फिर मिलेंगे!	fir milenge!
¡Adiós! (fam.)	अलिवदा!	alivada!
¡Adiós! (form.)	अलविदा!	alavida!
despedirse (vr)	अलविदा कहना	alavida kahana
¡Hasta luego!	अलविदा!	alavida!
¡Gracias!	धन्यवाद!	dhanyavād!
¡Muchas gracias!	बहुत बहुत शुक्रिया!	bahut bahut shukriya!
De nada	कोई बात नहीं	koī bāt nahin
No hay de qué	कोई बात नहीं	koī bāt nahin
De nada	कोई बात नहीं	koī bāt nahin
¡Disculpa!	माफ़ कीजिएगा!	māf kījiega!
¡Disculpe!	माफ़ी कीजियेगा!	māfī kījiyega!
disculpar (vt)	माफ़ करना	māf karana
disculparse (vr)	माफ़ी मांगना	māfī māngana
Mis disculpas	मुझे माफ़ कीजिएगा	mujhe māf kījiega

¡Perdóneme!	मुझे माफ़ कीजिएगा!	mujhe māf kījiega!
perdonar (vt)	माफ़ करना	māf karana
por favor	कृप्या	krpya
¡No se le olvide!	भूलना नहीं!	bhūlana nahin!
¡Ciertamente!	ज़रूर!	zarūr!
¡Claro que no!	बिल्कुल नहीं!	bilkul nahin!
¡De acuerdo!	ठीक है!	thīk hai!
¡Basta!	बहुत हुआ!	bahut hua!

3. Las preguntas

¿Quién?	कौन?	kaun?
¿Qué?	क्या?	kya?
¿Dónde?	कहाँ?	kahān?
¿Adónde?	किधर?	kidhar?
¿De dónde?	कहाँ से?	kahān se?
¿Cuándo?	कब?	kab?
¿Para qué?	क्यों?	kyon?
¿Por qué?	क्यों?	kyon?
¿Por qué razón?	किस लिये?	kis liye?
¿Cómo?	कैसे?	kaise?
¿Qué ...? (~ color)	कौन-सा?	kaun-sa?
¿Cuál?	कौन-सा?	kaun-sa?
¿A quién?	किसको?	kisako?
¿De quién? (~ hablan ...)	किसके बारे में?	kisake bāre men?
¿De qué?	किसके बारे में?	kisake bāre men?
¿Con quién?	किसके?	kisake?
¿Cuánto?	कितना?	kitana?
¿De quién? (~ es este ...)	किसका?	kisaka?

4. Las preposiciones

con ... (~ algn)	के साथ	ke sāth
sin ... (~ azúcar)	के बिना	ke bina
a ... (p.ej. voy a México)	की तरफ़	kī taraf
de ... (hablar ~)	के बारे में	ke bāre men
antes de ...	के पहले	ke pahale
delante de ...	के सामने	ke sāmane
debajo	के नीचे	ke nīche
sobre ..., encima de ...	के ऊपर	ke ūpar
en, sobre (~ la mesa)	पर	par
de (origen)	से	se
de (fabricado de)	से	se

| dentro de … | में | men |
| encima de … | के ऊपर चढ़कर | ke ūpar charhakar |

5. Las palabras útiles. Los adverbios. Unidad 1

¿Dónde?	कहाँ?	kahān?
aquí (adv)	यहाँ	yahān
allí (adv)	वहां	vahān

| en alguna parte | कहीं | kahīn |
| en ninguna parte | कहीं नहीं | kahīn nahin |

| junto a … | के पास | ke pās |
| junto a la ventana | खिड़की के पास | khirakī ke pās |

¿A dónde?	किधर?	kidhar?
aquí (venga ~)	इधर	idhar
allí (vendré ~)	उधर	udhar
de aquí (adv)	यहां से	yahān se
de allí (adv)	वहां से	vahān se

| cerca (no lejos) | पास | pās |
| lejos (adv) | दूर | dūr |

cerca de …	निकट	nikat
al lado (de …)	पास	pās
no lejos (adv)	दूर नहीं	dūr nahin

izquierdo (adj)	बायाँ	bāyān
a la izquierda (situado ~)	बायीं तरफ़	bāyīn taraf
a la izquierda (girar ~)	बायीं तरफ़	bāyīn taraf

derecho (adj)	दायां	dāyān
a la derecha (situado ~)	दायीं तरफ़	dāyīn taraf
a la derecha (girar)	दायीं तरफ़	dāyīn taraf

delante (yo voy ~)	सामने	sāmane
delantero (adj)	सामने का	sāmane ka
adelante (movimiento)	आगे	āge

detrás de …	पीछे	pīchhe
desde atrás	पीछे से	pīchhe se
atrás (da un paso ~)	पीछे	pīchhe
centro (m), medio (m)	बीच (m)	bīch
en medio (adv)	बीच में	bīch men

de lado (adv)	कोने में	kone men
en todas partes	सभी	sabhī
alrededor (adv)	आस-पास	ās-pās
de dentro (adv)	अंदर से	andar se

a alguna parte	कहीं	kahīn
todo derecho (adv)	सीधे	sīdhe
atrás (muévelo para ~)	वापस	vāpas
de alguna parte (adv)	कहीं से भी	kahīn se bhī
no se sabe de dónde	कहीं से	kahīn se
primero (adv)	पहले	pahale
segundo (adv)	दूसरा	dūsara
tercero (adv)	तीसरा	tīsara
de súbito (adv)	अचानक	achānak
al principio (adv)	शुरू में	shurū men
por primera vez	पहली बार	pahalī bār
mucho tiempo antes ...	बहुत समय पहले ...	bahut samay pahale ...
de nuevo (adv)	नई शुरुआत	naī shurūāt
para siempre (adv)	हमेशा के लिए	hamesha ke lie
jamás, nunca (adv)	कभी नहीं	kabhī nahin
de nuevo (adv)	फिर से	fir se
ahora (adv)	अब	ab
frecuentemente (adv)	अकसर	akasar
entonces (adv)	तब	tab
urgentemente (adv)	तत्काल	tatkāl
usualmente (adv)	आमतौर पर	āmataur par
a propósito, ...	प्रसंगवश	prasangavash
es probable	मुमकिन	mumakin
probablemente (adv)	संभव	sambhav
tal vez	शायद	shāyad
además ...	इस के अलावा	is ke alāva
por eso ...	इस लिए	is lie
a pesar de ...	फिर भी ...	fir bhī ...
gracias a ...	... की मेहरबानी से	... kī meharabānī se
qué (pron)	क्या	kya
que (conj)	कि	ki
algo (~ le ha pasado)	कुछ	kuchh
algo (~ así)	कुछ भी	kuchh bhī
nada (f)	कुछ नहीं	kuchh nahin
quien	कौन	kaun
alguien (viene ~)	कोई	koī
alguien (¿ha llamado ~?)	कोई	koī
nadie	कोई नहीं	koī nahin
a ninguna parte	कहीं नहीं	kahīn nahin
de nadie	किसी का नहीं	kisī ka nahin
de alguien	किसी का	kisī ka
tan, tanto (adv)	कितना	kitana
también (~ habla francés)	भी	bhī
también (p.ej. Yo ~)	भी	bhī

6. Las palabras útiles. Los adverbios. Unidad 2

¿Por qué?	क्यों?	kyon?
no se sabe porqué	किसी कारणवश	kisī kāranavash
porque …	क्यों कि …	kyon ki …
por cualquier razón (adv)	किसी वजह से	kisī vajah se
y (p.ej. uno y medio)	और	aur
o (p.ej. té o café)	या	ya
pero (p.ej. me gusta, ~)	लेकिन	lekin
para (p.ej. es para ti)	के लिए	ke lie
demasiado (adv)	ज़्यादा	zyāda
sólo, solamente (adv)	सिर्फ़	sirf
exactamente (adv)	ठीक	thīk
unos …,	करीब	karīb
cerca de … (~ 10 kg)		
aproximadamente	लगभग	lagabhag
aproximado (adj)	अनुमानित	anumānit
casi (adv)	करीब	karīb
resto (m)	बाक़ी	bāqī
cada (adj)	हर एक	har ek
cualquier (adj)	कोई	koī
mucho (adv)	बहुत	bahut
muchos (mucha gente)	बहुत लोग	bahut log
todos	सभी	sabhī
a cambio de …	… के बदले में	… ke badale men
en cambio (adv)	की जगह	kī jagah
a mano (hecho ~)	हाथ से	hāth se
poco probable	शायद ही	shāyad hī
probablemente	शायद	shāyad
a propósito (adv)	जानबूझकर	jānabūjhakar
por accidente (adv)	संयोगवश	sanyogavash
muy (adv)	बहुत	bahut
por ejemplo (adv)	उदाहरण के लिए	udāharan ke lie
entre (~ nosotros)	के बीच	ke bīch
entre (~ otras cosas)	में	men
tanto (~ gente)	इतना	itana
especialmente (adv)	ख़ासतौर पर	khāsataur par

NÚMEROS. MISCELÁNEA

T&P Books Publishing

cero	ज़ीरो	zīro
uno	एक	ek
dos	दो	do
tres	तीन	tīn
cuatro	चार	chār
cinco	पाँच	pānch
seis	छह	chhah
siete	सात	sāt
ocho	आठ	āth
nueve	नौ	nau
diez	दस	das
once	ग्यारह	gyārah
doce	बारह	bārah
trece	तेरह	terah
catorce	चौदह	chaudah
quince	पन्द्रह	pandrah
dieciséis	सोलह	solah
diecisiete	सत्रह	satrah
dieciocho	अठारह	athārah
diecinueve	उन्नीस	unnīs
veinte	बीस	bīs
veintiuno	इक्कीस	ikkīs
veintidós	बाईस	baīs
veintitrés	तेईस	teīs
treinta	तीस	tīs
treinta y uno	इकत्तीस	ikattīs
treinta y dos	बत्तीस	battīs
treinta y tres	तैंतीस	taintīs
cuarenta	चालीस	chālīs
cuarenta y uno	इकतालीस	iktālīs
cuarenta y dos	बयालीस	bayālīs
cuarenta y tres	तैंतालीस	taintālīs
cincuenta	पचास	pachās
cincuenta y uno	इक्यावन	ikyāvan
cincuenta y dos	बावन	bāvan
cincuenta y tres	तिरपन	tirapan
sesenta	साठ	sāth

sesenta y uno	इकसठ	ikasath
sesenta y dos	बासठ	bāsath
sesenta y tres	तिरसठ	tirasath
setenta	सत्तर	sattar
setenta y uno	इकहत्तर	ikahattar
setenta y dos	बहत्तर	bahattar
setenta y tres	तिहत्तर	tihattar
ochenta	अस्सी	assī
ochenta y uno	इक्यासी	ikyāsī
ochenta y dos	बयासी	bayāsī
ochenta y tres	तिरासी	tirāsī
noventa	नब्बे	nabbe
noventa y uno	इक्यानवे	ikyānave
noventa y dos	बानवे	bānave
noventa y tres	तिरानवे	tirānave

8. Números cardinales. Unidad 2

cien	सौ	sau
doscientos	दो सौ	do sau
trescientos	तीन सौ	tīn sau
cuatrocientos	चार सौ	chār sau
quinientos	पाँच सौ	pānch sau
seiscientos	छह सौ	chhah sau
setecientos	सात सो	sāt so
ochocientos	आठ सौ	āth sau
novecientos	नौ सौ	nau sau
mil	एक हज़ार	ek hazār
dos mil	दो हज़ार	do hazār
tres mil	तीन हज़ार	tīn hazār
diez mil	दस हज़ार	das hazār
cien mil	एक लाख	ek lākh
millón (m)	दस लाख (m)	das lākh
mil millones	अरब (m)	arab

9. Números ordinales

primero (adj)	पहला	pahala
segundo (adj)	दूसरा	dūsara
tercero (adj)	तीसरा	tīsara
cuarto (adj)	चौथा	chautha
quinto (adj)	पाँचवाँ	pānchavān
sexto (adj)	छठा	chhatha

séptimo (adj)	सातवाँ	sātavān
octavo (adj)	आठवाँ	āthavān
noveno (adj)	नौवाँ	nauvān
décimo (adj)	दसवाँ	dasavān

LOS COLORES.
LAS UNIDADES DE MEDIDA

T&P Books Publishing

10. Los colores

color (m)	रंग (m)	rang
matiz (m)	रंग (m)	rang
tono (m)	रंग (m)	rang
arco (m) iris	इन्द्रधनुष (f)	indradhanush
blanco (adj)	सफ़ेद	safed
negro (adj)	काला	kāla
gris (adj)	धूसर	dhūsar
verde (adj)	हरा	hara
amarillo (adj)	पीला	pīla
rojo (adj)	लाल	lāl
azul (adj)	नीला	nīla
azul claro (adj)	हल्का नीला	halka nīla
rosa (adj)	गुलाबी	gulābī
naranja (adj)	नारंगी	nārangī
violeta (adj)	बैंगनी	bainganī
marrón (adj)	भूरा	bhūra
dorado (adj)	सुनहरा	sunahara
argentado (adj)	चाँदी-जैसा	chāndī-jaisa
beige (adj)	हल्का भूरा	halka bhūra
crema (adj)	क्रीम	krīm
turquesa (adj)	फ़िरोज़ी	fīrozī
rojo cereza (adj)	चेरी जैसा लाल	cherī jaisa lāl
lila (adj)	हल्का बैंगनी	halka bainganī
carmesí (adj)	गहरा लाल	gahara lāl
claro (adj)	हल्का	halka
oscuro (adj)	गहरा	gahara
vivo (adj)	चमकीला	chamakīla
de color (lápiz ~)	रंगीन	rangīn
en colores (película ~)	रंगीन	rangīn
blanco y negro (adj)	काला-सफ़ेद	kāla-safed
unicolor (adj)	एक रंग का	ek rang ka
multicolor (adj)	बहुरंगी	bahurangī

11. Las unidades de medida

peso (m)	वज़न (m)	vazan
longitud (f)	लम्बाई (f)	lambaī

anchura (f)	चौड़ाई (f)	chauraī
altura (f)	ऊंचाई (f)	ūnchaī
profundidad (f)	गहराई (f)	gaharaī
volumen (m)	घनत्व (f)	ghanatv
área (f)	क्षेत्रफल (m)	kshetrafal

gramo (m)	ग्राम (m)	grām
miligramo (m)	मिलीग्राम (m)	milīgrām
kilogramo (m)	किलोग्राम (m)	kilogrām
tonelada (f)	टन (m)	tan
libra (f)	पौण्ड (m)	paund
onza (f)	औन्स (m)	auns

metro (m)	मीटर (m)	mītar
milímetro (m)	मिलीमीटर (m)	milīmītar
centímetro (m)	सेंटीमीटर (m)	sentīmītar
kilómetro (m)	किलोमीटर (m)	kilomītar
milla (f)	मील (m)	mīl

pulgada (f)	इंच (m)	inch
pie (m)	फुट (m)	fut
yarda (f)	गज (m)	gaj

metro (m) cuadrado	वर्ग मीटर (m)	varg mītar
hectárea (f)	हेक्टेयर (m)	hekteyar
litro (m)	लीटर (m)	lītar
grado (m)	डिग्री (m)	digrī
voltio (m)	वोल्ट (m)	volt
amperio (m)	ऐम्पेयर (m)	aimpeyar
caballo (m) de fuerza	अश्व शक्ति (f)	ashv shakti

cantidad (f)	मात्रा (f)	mātra
un poco de …	कुछ …	kuchh …
mitad (f)	आधा (m)	ādha
docena (f)	दर्जन (m)	darjan
pieza (f)	टुकड़ा (m)	tukara

dimensión (f)	माप (m)	māp
escala (f) (del mapa)	पैमाना (m)	paimāna

mínimo (adj)	न्यूनतम	nyūnatam
el más pequeño (adj)	सब से छोटा	sab se chhota
medio (adj)	मध्य	madhy
máximo (adj)	अधिकतम	adhikatam
el más grande (adj)	सबसे बड़ा	sabase bara

12. Contenedores

tarro (m) de vidrio	शीशी (f)	shīshī
lata (f)	डिब्बा (m)	dibba

cubo (m)	बाल्टी (f)	bāltī
barril (m)	पीपा (m)	pīpa
palangana (f)	चिलमची (f)	chilamachī
tanque (m)	कुण्ड (m)	kund
petaca (f) (de alcohol)	फ़्लास्क (m)	flāsk
bidón (m) de gasolina	जेरिकैन (m)	jerikain
cisterna (f)	टंकी (f)	tankī
taza (f) (mug de cerámica)	मग (m)	mag
taza (f) (~ de café)	प्याली (f)	pyālī
platillo (m)	सॉसर (m)	sosar
vaso (m) (~ de agua)	गिलास (m)	gilās
copa (f) (~ de vino)	वाइन गिलास (m)	vain gilās
olla (f)	सॉसपैन (m)	sosapain
botella (f)	बोतल (f)	botal
cuello (m) de botella	गला (m)	gala
garrafa (f)	जग (m)	jag
jarro (m) (~ de agua)	सुराही (f)	surāhī
recipiente (m)	बर्तन (m)	baratan
tarro (m)	घड़ा (m)	ghara
florero (m)	फूलदान (m)	fūladān
frasco (m) (~ de perfume)	शीशी (f)	shīshī
frasquito (m)	शीशी (f)	shīshī
tubo (m)	ट्यूब (m)	tyūb
saco (m) (~ de azúcar)	थैला (m)	thaila
bolsa (f) (~ plástica)	थैली (f)	thailī
paquete (m) (~ de cigarrillos)	पैकेट (f)	paiket
caja (f)	डिब्बा (m)	dibba
cajón (m) (~ de madera)	डिब्बा (m)	dibba
cesta (f)	टोकरी (f)	tokarī

T&P BOOKS

LOS VERBOS
MÁS IMPORTANTES

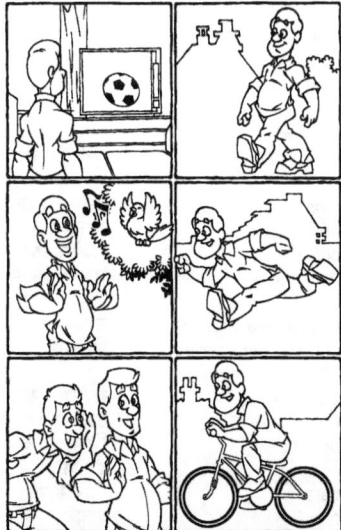

T&P Books Publishing

abrir (vt)	खोलना	kholana
acabar, terminar (vt)	ख़त्म करना	khatm karana
aconsejar (vt)	सलाह देना	salāh dena
adivinar (vt)	अंदाज़ा लगाना	andāza lagāna
advertir (vt)	चेतावनी देना	chetāvanī dena
alabarse, jactarse (vr)	डींग मारना	dīng mārana
almorzar (vi)	दोपहर का भोजन करना	dopahar ka bhojan karana
alquilar (~ una casa)	किराए पर लेना	kirae par lena
amenazar (vt)	धमकाना	dhamakāna
arrepentirse (vr)	अफ़सोस जताना	afasos jatāna
ayudar (vt)	मदद करना	madad karana
bañarse (vr)	तैरना	tairana
bromear (vi)	मज़ाक करना	mazāk karana
buscar (vt)	तलाश करना	talāsh karana
caer (vi)	गिरना	girana
callarse (vr)	चुप रहना	chup rahana
cambiar (vt)	बदलना	badalana
castigar, punir (vt)	सज़ा देना	saza dena
cavar (vt)	खोदना	khodana
cazar (vi, vt)	शिकार करना	shikār karana
cenar (vi)	रात्रिभोज करना	rātribhoj karana
cesar (vt)	बंद करना	band karana
coger (vt)	पकड़ना	pakarana
comenzar (vt)	शुरू करना	shurū karana
comparar (vt)	तुलना करना	tulana karana
comprender (vt)	समझना	samajhana
confiar (vt)	यकीन करना	yakīn karana
confundir (vt)	गड़बड़ा जाना	garabara jāna
conocer (~ a alguien)	जानना	jānana
contar (vt) (enumerar)	गिनना	ginana
contar con …	भरोसा रखना	bharosa rakhana
continuar (vt)	जारी रखना	jārī rakhana
controlar (vt)	नियंत्रित करना	niyantrit karana
correr (vi)	दौड़ना	daurana
costar (vt)	दाम होना	dām hona
crear (vt)	बनाना	banāna

14. Los verbos más importantes. Unidad 2

dar (vt)	देना	dena
dar una pista	इशारा करना	ishāra karana
decir (vt)	कहना	kahana
decorar (para la fiesta)	सजाना	sajāna
defender (vt)	रक्षा करना	raksha karana
dejar caer	गिराना	girāna
desayunar (vi)	नाश्ता करना	nāshta karana
descender (vi)	उतरना	utarana
dirigir (administrar)	प्रबंधन करना	prabandhan karana
disculparse (vr)	माफ़ी मांगना	māfī māngana
discutir (vt)	चर्चा करना	charcha karana
dudar (vt)	शक करना	shak karana
encontrar (hallar)	ढूँढना	dhūrhana
engañar (vi, vt)	धोखा देना	dhokha dena
entrar (vi)	अंदर आना	andar āna
enviar (vt)	भेजना	bhejana
equivocarse (vr)	गलती करना	galatī karana
escoger (vt)	चुनना	chunana
esconder (vt)	छिपाना	chhipāna
escribir (vt)	लिखना	likhana
esperar (aguardar)	इंतज़ार करना	intazār karana
esperar (tener esperanza)	आशा करना	āsha karana
estar de acuerdo	राज़ी होना	rāzī hona
estudiar (vt)	पढ़ाई करना	parhaī karana
exigir (vt)	माँगना	māngana
existir (vi)	होना	hona
explicar (vt)	समझाना	samajhāna
faltar (a las clases)	ग़ैर-हाज़िर होना	gair-hāzir hona
firmar (~ el contrato)	हस्ताक्षर करना	hastākshar karana
girar (~ a la izquierda)	मुड़ जाना	mur jāna
gritar (vi)	चिल्लाना	chillāna
guardar (conservar)	रखना	rakhana
gustar (vi)	पसंद करना	pasand karana
hablar (vi, vt)	बोलना	bolana
hacer (vt)	करना	karana
informar (vt)	खबर देना	khabar dena
insistir (vi)	आग्रह करना	āgrah karana
insultar (vt)	अपमान करना	apamān karana
interesarse (vr)	रुचि लेना	ruchi lena
invitar (vt)	आमंत्रित करना	āmantrit karana

| ir (a pie) | जाना | jāna |
| jugar (divertirse) | खेलना | khelana |

15. Los verbos más importantes. Unidad 3

leer (vi, vt)	पढ़ना	parhana
liberar (ciudad, etc.)	आज़ाद करना	āzād karana
llamar (por ayuda)	बुलाना	bulāna
llegar (vi)	पहुँचना	pahunchana
llorar (vi)	रोना	rona

matar (vt)	मार डालना	mār dālana
mencionar (vt)	उल्लेख करना	ullekh karana
mostrar (vt)	दिखाना	dikhāna
nadar (vi)	तैरना	tairana

negarse (vr)	इन्कार करना	inkār karana
objetar (vt)	एतराज़ करना	etarāz karana
observar (vt)	देखना	dekhana
oír (vt)	सुनना	sunana

olvidar (vt)	भूलना	bhūlana
orar (vi)	दुआ देना	dua dena
ordenar (mil.)	हुक्म देना	hukm dena
pagar (vi, vt)	दाम चुकाना	dām chukāna
pararse (vr)	रुकना	rukana

participar (vi)	भाग लेना	bhāg lena
pedir (ayuda, etc.)	माँगना	māngana
pedir (en restaurante)	ऑर्डर करना	ordar karana
pensar (vi, vt)	सोचना	sochana

percibir (ver)	देखना	dekhana
perdonar (vt)	क्षमा करना	kshama karana
permitir (vt)	अनुमति देना	anumati dena
pertenecer a …	स्वामी होना	svāmī hona

planear (vt)	योजना बनाना	yojana banāna
poder (v aux)	सकना	sakana
poseer (vt)	मालिक होना	mālik hona
preferir (vt)	तरजीह देना	tarajīh dena
preguntar (vt)	पूछना	pūchhana

preparar (la cena)	खाना बनाना	khāna banāna
prever (vt)	उम्मीद करना	ummīd karana
probar, tentar (vt)	कोशिश करना	koshish karana
prometer (vt)	वचन देना	vachan dena
pronunciar (vt)	उच्चारण करना	uchchāran karana
proponer (vt)	प्रस्ताव रखना	prastāv rakhana
quebrar (vt)	तोड़ना	torana

quejarse (vr)	शिकायत करना	shikāyat karana
querer (amar)	प्यार करना	pyār karana
querer (desear)	चाहना	chāhana

16. Los verbos más importantes. Unidad 4

recomendar (vt)	सिफ़ारिश करना	sifārish karana
regañar, reprender (vt)	डाँटना	dāntana
reírse (vr)	हंसना	hansana
repetir (vt)	दोहराना	doharāna
reservar (~ una mesa)	बुक करना	buk karana
responder (vi, vt)	जवाब देना	javāb dena

robar (vt)	चुराना	churāna
saber (~ algo mas)	मालूम होना	mālūm hona
salir (vi)	बाहर जाना	bāhar jāna
salvar (vt)	बचाना	bachāna
seguir ...	पीछे चलना	pīchhe chalana
sentarse (vr)	बैठना	baithana

ser necesario	आवश्यक होना	āvashyak hona
ser, estar (vi)	होना	hona
significar (vt)	अर्थ होना	arth hona
sonreír (vi)	मुस्कुराना	muskurāna
sorprenderse (vr)	हैरान होना	hairān hona

subestimar (vt)	कम मूल्यांकन करना	kam mūlyānkan karana
tener (vt)	होना	hona
tener hambre	भूख लगना	bhūkh lagana
tener miedo	डरना	darana

tener prisa	जल्दी करना	jaldī karana
tener sed	प्यास लगना	pyās lagana
tirar, disparar (vi)	गोली चलाना	golī chalāna
tocar (con las manos)	छूना	chhūna
tomar (vt)	लेना	lena
tomar nota	लिख लेना	likh lena

trabajar (vi)	काम करना	kām karana
traducir (vt)	अनुवाद करना	anuvād karana
unir (vt)	संयुक्त करना	sanyukt karana
vender (vt)	बेचना	bechana
ver (vt)	देखना	dekhana
volar (pájaro, avión)	उड़ना	urana

LA HORA. EL CALENDARIO

T&P Books Publishing

17. Los días de la semana

lunes (m)	सोमवार (m)	somavār
martes (m)	मंगलवार (m)	mangalavār
miércoles (m)	बुधवार (m)	budhavār
jueves (m)	गुरूवार (m)	gurūvār
viernes (m)	शुक्रवार (m)	shukravār
sábado (m)	शनिवार (m)	shanivār
domingo (m)	रविवार (m)	ravivār
hoy (adv)	आज	āj
mañana (adv)	कल	kal
pasado mañana	परसों	parason
ayer (adv)	कल	kal
anteayer (adv)	परसों	parason
día (m)	दिन (m)	din
día (m) de trabajo	कार्यदिवस (m)	kāryadivas
día (m) de fiesta	सार्वजनिक छुट्टी (f)	sārvajanik chhuttī
día (m) de descanso	छुट्टी का दिन (m)	chhuttī ka din
fin (m) de semana	सप्ताहांत (m)	saptāhānt
todo el día	सारा दिन	sāra din
al día siguiente	अगला दिन	agala din
dos días atrás	दो दिन पहले	do din pahale
en vísperas (adv)	एक दिन पहले	ek din pahale
diario (adj)	दैनिक	dainik
cada día (adv)	हर दिन	har din
semana (f)	हफ़्ता (f)	hafata
semana (f) pasada	पिछले हफ़्ते	pichhale hafate
semana (f) que viene	अगले हफ़्ते	agale hafate
semanal (adj)	साप्ताहिक	saptāhik
cada semana (adv)	हर हफ़्ते	har hafate
2 veces por semana	हफ़्ते में दो बार	hafate men do bār
todos los martes	हर मंगलवार को	har mangalavār ko

18. Las horas. El día y la noche

mañana (f)	सुबह (m)	subah
por la mañana	सुबह में	subah men
mediodía (m)	दोपहर (m)	dopahar
por la tarde	दोपहर में	dopahar men
noche (f)	शाम (m)	shām

por la noche	शाम में	shām men
noche (f) (p.ej. 2:00 a.m.)	रात (f)	rāt
por la noche	रात में	rāt men
medianoche (f)	आधी रात (f)	ādhī rāt
segundo (m)	सेकन्ड (m)	sekand
minuto (m)	मिनट (m)	minat
hora (f)	घंटा (m)	ghanta
media hora (f)	आधा घंटा	ādha ghanta
cuarto (m) de hora	सवा	sava
quince minutos	पंद्रह मीनट	pandrah mīnat
veinticuatro horas	24 घंटे (m)	chaubīs ghante
salida (f) del sol	सूर्योदय (m)	sūryoday
amanecer (m)	सूर्योदय (m)	sūryoday
madrugada (f)	प्रातःकाल (m)	prātahkāl
puesta (f) del sol	सूर्यास्त (m)	sūryāst
de madrugada	सुबह-सवेरे	subah-savere
esta mañana	इस सुबह	is subah
mañana por la mañana	कल सुबह	kal subah
esta tarde	आज शाम	āj shām
por la tarde	दोपहर में	dopahar men
mañana por la tarde	कल दोपहर	kal dopahar
esta noche (p.ej. 8:00 p.m.)	आज शाम	āj shām
mañana por la noche	कल रात	kal rāt
a las tres en punto	ठीक तीन बजे में	thīk tīn baje men
a eso de las cuatro	लगभग चार बजे	lagabhag chār baje
para las doce	बारह बजे तक	bārah baje tak
dentro de veinte minutos	बीस मीनट में	bīs mīnat men
dentro de una hora	एक घंटे में	ek ghante men
a tiempo (adv)	ठीक समय पर	thīk samay par
… menos cuarto	पौने … बजे	paune … baje
durante una hora	एक घंटे के अंदर	ek ghante ke andar
cada quince minutos	हर पंद्रह मीनट	har pandrah mīnat
día y noche	दिन-रात (m pl)	din-rāt

19. Los meses. Las estaciones

enero (m)	जनवरी (m)	janavarī
febrero (m)	फ़रवरी (m)	faravarī
marzo (m)	मार्च (m)	mārch
abril (m)	अप्रैल (m)	aprail
mayo (m)	माई (m)	maī

junio (m)	जून (m)	jūn
julio (m)	जुलाई (m)	julaī
agosto (m)	अगस्त (m)	agast
septiembre (m)	सितम्बर (m)	sitambar
octubre (m)	अक्तूबर (m)	aktūbar
noviembre (m)	नवम्बर (m)	navambar
diciembre (m)	दिसम्बर (m)	disambar
primavera (f)	वसन्त (m)	vasant
en primavera	वसन्त में	vasant men
de primavera (adj)	वसन्त	vasant
verano (m)	गरमी (f)	garamī
en verano	गरमियों में	garamiyon men
de verano (adj)	गरमी	garamī
otoño (m)	शरद (m)	sharad
en otoño	शरद में	sharad men
de otoño (adj)	शरद	sharad
invierno (m)	सर्दी (f)	sardī
en invierno	सर्दियों में	sardiyon men
de invierno (adj)	सर्दी	sardī
mes (m)	महीना (m)	mahīna
este mes	इस महीने	is mahīne
al mes siguiente	अगले महीने	agale mahīne
el mes pasado	पिछले महीने	pichhale mahīne
hace un mes	एक महीने पहले	ek mahīne pahale
dentro de un mes	एक महीने में	ek mahīne men
dentro de dos meses	दो महीने में	do mahīne men
todo el mes	पूरे महीने	pūre mahīne
todo un mes	पूरे महीने	pūre mahīne
mensual (adj)	मासिक	māsik
mensualmente (adv)	हर महीने	har mahīne
cada mes	हर महीने	har mahīne
dos veces por mes	महीने में दो बार	mahine men do bār
año (m)	वर्ष (m)	varsh
este año	इस साल	is sāl
el próximo año	अगले साल	agale sāl
el año pasado	पिछले साल	pichhale sāl
hace un año	एक साल पहले	ek sāl pahale
dentro de un año	एक साल में	ek sāl men
dentro de dos años	दो साल में	do sāl men
todo el año	पूरा साल	pūra sāl
todo un año	पूरा साल	pūra sāl
cada año	हर साल	har sāl
anual (adj)	वार्षिक	vārshik

anualmente (adv)	वार्षिक	vārshik
cuatro veces por año	साल में चार बार	sāl men chār bār
fecha (f) (la ~ de hoy es ...)	तारीख़ (f)	tārīkh
fecha (f) (~ de entrega)	तारीख़ (f)	tārīkh
calendario (m)	कैलेन्डर (m)	kailendar
medio año (m)	आधे वर्ष (m)	ādhe varsh
seis meses	छमाही (f)	chhamāhī
estación (f)	मौसम (m)	mausam
siglo (m)	शताबदी (f)	shatābadī

T&P BOOKS

EL VIAJE. EL HOTEL

T&P Books Publishing

turismo (m)	पर्यटन (m)	paryatan
turista (m)	पर्यटक (m)	paryatak
viaje (m)	यात्रा (f)	yātra
aventura (f)	जाँबाज़ी (f)	jānbāzī
viaje (m) (p.ej. ~ en coche)	यात्रा (f)	yātra
vacaciones (f pl)	छुट्टी (f)	chhuttī
estar de vacaciones	छुट्टी पर होना	chhuttī par hona
descanso (m)	आराम (m)	ārām
tren (m)	रेलगाड़ी, ट्रेन (f)	relagārī, tren
en tren	रैलगाड़ी से	railagārī se
avión (m)	विमान (m)	vimān
en avión	विमान से	vimān se
en coche	कार से	kār se
en barco	जहाज़ पर	jahāz par
equipaje (m)	सामान (m)	sāmān
maleta (f)	सूटकेस (m)	sūtakes
carrito (m) de equipaje	सामान के लिये गाड़ी (f)	sāmān ke liye gārī
pasaporte (m)	पासपोर्ट (m)	pāsaport
visado (m)	वीज़ा (m)	vīza
billete (m)	टिकट (m)	tikat
billete (m) de avión	हवाई टिकट (m)	havaī tikat
guía (f) (libro)	गाइडबुक (f)	gaidabuk
mapa (m)	नक्शा (m)	naksha
área (f) (~ rural)	क्षेत्र (m)	kshetr
lugar (m)	स्थान (m)	sthān
exotismo (m)	विचित्र वस्तुएं	vichitr vastuen
exótico (adj)	विचित्र	vichitr
asombroso (adj)	अजीब	ajīb
grupo (m)	समूह (m)	samūh
excursión (f)	पर्यटन (f)	paryatan
guía (m) (persona)	गाइड (m)	gaid

hotel (m)	होटल (f)	hotal
motel (m)	मोटल (m)	motal

de tres estrellas	तीन सितारा	tīn sitāra
de cinco estrellas	पाँच सितारा	pānch sitāra
hospedarse (vr)	ठहरना	thaharana

habitación (f)	कमरा (m)	kamara
habitación (f) individual	एक पलंग का कमरा (m)	ek palang ka kamara
habitación (f) doble	दो पलंगों का कमरा (m)	do palangon ka kamara
reservar una habitación	कमरा बुक करना	kamara buk karana

| media pensión (f) | हाफ़-बोर्ड (m) | hāf-bord |
| pensión (f) completa | फ़ुल-बोर्ड (m) | ful-bord |

con baño	स्नानघर के साथ	snānaghar ke sāth
con ducha	शॉवर के साथ	shovar ke sāth
televisión (f) satélite	सैटेलाइट टेलीविज़न (m)	saitelait telīvizan
climatizador (m)	एयर-कंडिशनर (m)	eyar-kandishanar
toalla (f)	तौलिया (f)	tauliya
llave (f)	चाबी (f)	chābī

administrador (m)	मैनेजर (m)	mainejar
camarera (f)	चैमबरमैड (f)	chaimabaramaid
maletero (m)	कुली (m)	kulī
portero (m)	दरबान (m)	darabān

restaurante (m)	रेस्टराँ (m)	restarān
bar (m)	बार (m)	bār
desayuno (m)	नाश्ता (m)	nāshta
cena (f)	रात्रिभोज (m)	rātribhoj
buffet (m) libre	बुफ़े (m)	bufe

| vestíbulo (m) | लॉबी (f) | lobī |
| ascensor (m) | लिफ्ट (m) | lift |

| NO MOLESTAR | परेशान न करें | pareshān na karen |
| PROHIBIDO FUMAR | धुम्रपान निषेध! | dhumrapān nishedh! |

22. El turismo. La excursión

monumento (m)	स्मारक (m)	smārak
fortaleza (f)	किला (m)	kila
palacio (m)	भवन (m)	bhavan
castillo (m)	महल (m)	mahal
torre (f)	मीनार (m)	mīnār
mausoleo (m)	समाधि (f)	samādhi

arquitectura (f)	वस्तुशाला (m)	vastushāla
medieval (adj)	मध्ययुगीय	madhayayugīy
antiguo (adj)	प्राचीन	prāchīn
nacional (adj)	राष्ट्रीय	rāshtrīy
conocido (adj)	मशहूर	mashhūr

turista (m)	पर्यटक (m)	paryatak
guía (m) (persona)	गाइड (m)	gaid
excursión (f)	पर्यटन यात्रा (m)	paryatan yātra
mostrar (vt)	दिखाना	dikhāna
contar (una historia)	बताना	batāna
encontrar (hallar)	ढूँढना	dhūnrhana
perderse (vr)	खो जाना	kho jāna
plano (m) (~ de metro)	नक्शा (m)	naksha
mapa (m) (~ de la ciudad)	नक्शा (m)	naksha
recuerdo (m)	यादगार (m)	yādagār
tienda (f) de regalos	गिफ़्ट शॉप (f)	gift shop
hacer fotos	फोटो खींचना	foto khīnchana
fotografiarse (vr)	अपना फ़ोटो खिंचवाना	apana foto khinchavāna

EL TRANSPORTE

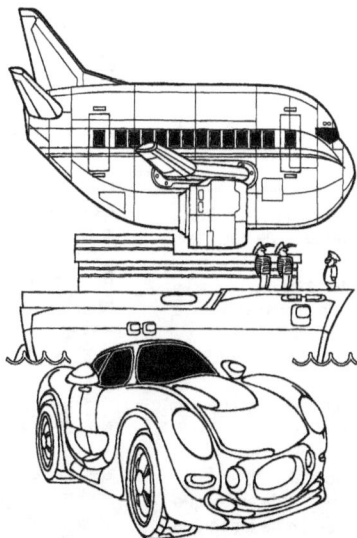

T&P Books Publishing

23. El aeropuerto

aeropuerto (m)	हवाई अड्डा (m)	havaī adda
avión (m)	विमान (m)	vimān
compañía (f) aérea	हवाई कम्पनी (f)	havaī kampanī
controlador (m) aéreo	हवाई यातायात नियंत्रक (m)	havaī yātāyāt niyantrak
despegue (m)	प्रस्थान (m)	prasthān
llegada (f)	आगमन (m)	āgaman
llegar (en avión)	पहुंचना	pahunchana
hora (f) de salida	उड़ान का समय (m)	urān ka samay
hora (f) de llegada	आगमन का समय (m)	āgaman ka samay
retrasarse (vr)	देर से आना	der se āna
retraso (m) de vuelo	उड़ान देरी (f)	urān derī
pantalla (f) de información	सूचना बोर्ड (m)	sūchana bord
información (f)	सूचना (f)	sūchana
anunciar (vt)	घोषणा करना	ghoshana karana
vuelo (m)	फ्लाइट (f)	flait
aduana (f)	सीमाशुल्क कार्यालय (m)	sīmāshulk kāryālay
aduanero (m)	सीमाशुल्क अधिकारी (m)	sīmāshulk adhikārī
declaración (f) de aduana	सीमाशुल्क घोषणा (f)	sīmāshulk ghoshana
rellenar la declaración	सीमाशुल्क घोषणा भरना	sīmāshulk ghoshana bharana
control (m) de pasaportes	पास्पोर्ट जांच (f)	pāsport jānch
equipaje (m)	सामान (m)	sāmān
equipaje (m) de mano	दस्ती सामान (m)	dastī sāmān
carrito (m) de equipaje	सामान के लिये गाड़ी (f)	sāmān ke liye gārī
aterrizaje (m)	विमानारोहण (m)	vimānārohan
pista (f) de aterrizaje	विमानारोहण मार्ग (m)	vimānārohan mārg
aterrizar (vi)	उतरना	utarana
escaleras (f pl) (de avión)	सीढ़ी (f)	sīrhī
facturación (f) (check-in)	चेक-इन (m)	chek-in
mostrador (m) de facturación	चेक-इन डेस्क (m)	chek-in desk
hacer el check-in	चेक-इन करना	chek-in karana
tarjeta (f) de embarque	बोर्डिंग पास (m)	bording pās
puerta (f) de embarque	प्रस्थान गेट (m)	prasthān get

tránsito (m)	पारवहन (m)	pāravahan
esperar (aguardar)	इंतज़ार करना	intazār karana
zona (f) de preembarque	प्रतीक्षालय (m)	pratīkshālay
despedir (vt)	विदा करना	vida karana
despedirse (vr)	विदा कहना	vida kahana

24. El avión

avión (m)	विमान (m)	vimān
billete (m) de avión	हवाई टिकट (m)	havaī tikat
compañía (f) aérea	हवाई कम्पनी (f)	havaī kampanī
aeropuerto (m)	हवाई अड्डा (m)	havaī adda
supersónico (adj)	पराध्वनिक	parādhvanik
comandante (m)	कसान (m)	kaptān
tripulación (f)	वैमानिक दल (m)	vaimānik dal
piloto (m)	विमान चालक (m)	vimān chālak
azafata (f)	एयर होस्टेस (f)	eyar hostas
navegador (m)	नैवीगेटर (m)	naivīgetar
alas (f pl)	पंख (m pl)	pankh
cola (f)	पूँछ (f)	pūnchh
cabina (f)	कॉकपिट (m)	kokapit
motor (m)	इंजन (m)	injan
tren (m) de aterrizaje	हवाई जहाज़ पहिये (m)	havaī jahāz pahiye
turbina (f)	टरबाइन (f)	tarabain
hélice (f)	प्रोपेलर (m)	propelar
caja (f) negra	ब्लैक बॉक्स (m)	blaik boks
timón (m)	कंट्रोल कॉलम (m)	kantrol kolam
combustible (m)	ईंधन (m)	īndhan
instructivo (m) de seguridad	सुरक्षा-पत्र (m)	suraksha-patr
respirador (m) de oxígeno	ऑक्सीजन मास्क (m)	oksījan māsk
uniforme (m)	वर्दी (f)	vardī
chaleco (m) salvavidas	बचाव पेटी (f)	bachāv petī
paracaídas (m)	पैराशूट (m)	pairāshūt
despegue (m)	उड़ान (m)	urān
despegar (vi)	उड़ना	urana
pista (f) de despegue	उड़ान पट्टी (f)	urān pattī
visibilidad (f)	दृश्यता (f)	drshyata
vuelo (m)	उड़ान (m)	urān
altura (f)	ऊंचाई (f)	ūnchaī
pozo (m) de aire	वायु-पॉकेट (m)	vāyu-poket
asiento (m)	सीट (f)	sīt
auriculares (m pl)	हेडफ़ोन (m)	hedafon
mesita (f) plegable	ट्रे टेबल (f)	tre tebal

ventana (f)	हवाई जहाज़ की खिड़की (f)	havaī jahāz kī khirakī
pasillo (m)	गलियारा (m)	galiyāra

25. El tren

tren (m)	रेलगाड़ी, ट्रेन (f)	relagārī, tren
tren (m) de cercanías	लोकल ट्रेन (f)	lokal tren
tren (m) rápido	तेज़ रेलगाड़ी (f)	tez relagārī
locomotora (f) diésel	डीज़ल रेलगाड़ी (f)	dīzal relagārī
tren (m) de vapor	स्टीम इंजन (f)	stīm injan
coche (m)	कोच (f)	koch
coche (m) restaurante	डाइनर (f)	dainar
rieles (m pl)	पटरियाँ (f)	patariyān
ferrocarril (m)	रेलवे (f)	relave
traviesa (f)	पटरियाँ (f)	patariyān
plataforma (f)	प्लेटफॉर्म (m)	pletaform
vía (f)	प्लेटफॉर्म (m)	pletaform
semáforo (m)	सिग्नल (m)	signal
estación (f)	स्टेशन (m)	steshan
maquinista (m)	इंजन ड्राइवर (m)	injan draivar
maletero (m)	कुली (m)	kulī
mozo (m) del vagón	कोच एटेंडेंट (m)	koch etendent
pasajero (m)	मुसाफ़िर (m)	musāfir
revisor (m)	टीटी (m)	tītī
corredor (m)	गलियारा (m)	galiyāra
freno (m) de urgencia	आपात ब्रेक (m)	āpāt brek
compartimiento (m)	डिब्बा (m)	dibba
litera (f)	बर्थ (f)	barth
litera (f) de arriba	ऊपरी बर्थ (f)	ūparī barth
litera (f) de abajo	नीचली बर्थ (f)	nīchalī barth
ropa (f) de cama	बिस्तर (m)	bistar
billete (m)	टिकट (m)	tikat
horario (m)	टाइम टैबुल (m)	taim taibul
pantalla (f) de información	सूचना बोर्ड (m)	sūchana bord
partir (vi)	चले जाना	chale jāna
partida (f) (del tren)	रवानगी (f)	ravānagī
llegar (tren)	पहुंचना	pahunchana
llegada (f)	आगमन (m)	āgaman
llegar en tren	गाड़ी से पहुंचना	gārī se pahunchana
tomar el tren	गाड़ी पकड़ना	gāḍī pakarana
bajar del tren	गाड़ी से उतरना	gārī se utarana

descarrilamiento (m)	दुर्घटनाग्रस्त (f)	durghatanāgrast
tren (m) de vapor	स्टीम इंजन (m)	stīm injan
fogonero (m)	अग्निशामक (m)	agnishāmak
hogar (m)	भट्ठी (f)	bhatthī
carbón (m)	कोयला (m)	koyala

26. El barco

barco, buque (m)	जहाज़ (m)	jahāz
navío (m)	जहाज़ (m)	jahāz
buque (m) de vapor	जहाज़ (m)	jahāz
motonave (f)	मोटर बोट (m)	motar bot
trasatlántico (m)	लाइनर (m)	lainar
crucero (m)	क्रूज़र (m)	krūzar
yate (m)	याख्ट (m)	yākht
remolcador (m)	कर्षक पोत (m)	karshak pot
barcaza (f)	बार्ज (f)	bārj
ferry (m)	फेरी बोट (f)	ferī bot
velero (m)	पाल नाव (f)	pāl nāv
bergantín (m)	बादबानी (f)	bādabānī
rompehielos (m)	हिमभंजक पोत (m)	himabhanjak pot
submarino (m)	पनडुब्बी (f)	panadubbī
bote (m) de remo	नाव (m)	nāv
bote (m)	किश्ती (f)	kishtī
bote (m) salvavidas	जीवन रक्षा किश्ती (f)	jīvan raksha kishtī
lancha (f) motora	मोटर बोट (m)	motar bot
capitán (m)	कसान (m)	kaptān
marinero (m)	मल्लाह (m)	mallāh
marino (m)	मल्लाह (m)	mallāh
tripulación (f)	वैमानिक दल (m)	vaimānik dal
contramaestre (m)	बोसुन (m)	bosun
grumete (m)	बोसुन (m)	bosun
cocinero (m) de abordo	रसोइया (m)	rasoiya
médico (m) del buque	पोत डाक्टर (m)	pot dāktar
cubierta (f)	डेक (m)	dek
mástil (m)	मस्तूल (m)	mastūl
vela (f)	पाल (m)	pāl
bodega (f)	कार्गो (m)	kārgo
proa (f)	जहाज़ का अगड़ा हिस्सा (m)	jahāz ka agara hissa
popa (f)	जहाज़ का पिछला हिस्सा (m)	jahāz ka pichhala hissa

remo (m)	चप्पू (m)	chappū
hélice (f)	जहाज़ की पंखी चलाने का पेंच (m)	jahāz kī pankhī chalāne ka pench
camarote (m)	कैबिन (m)	kaibin
sala (f) de oficiales	मेस (f)	mes
sala (f) de máquinas	मशीन-कमरा (m)	mashīn-kamara
puente (m) de mando	ब्रिज (m)	brij
sala (f) de radio	रेडियो केबिन (m)	rediyo kebin
onda (f)	रेडियो तरंग (f)	rediyo tarang
cuaderno (m) de bitácora	जहाज़ी रजिस्टर (m)	jahāzī rajistar
anteojo (m)	टेलिस्कोप (m)	teliskop
campana (f)	घंटा (m)	ghanta
bandera (f)	झंडा (m)	jhanda
cabo (m) (maroma)	रस्सा (m)	rassa
nudo (m)	जहाज़ी गांठ (f)	jahāzī gānth
pasamano (m)	रेलिंग (f)	reling
pasarela (f)	सीढ़ी (f)	sīrhī
ancla (f)	लंगर (m)	langar
levar ancla	लंगर उठाना	langar uthāna
echar ancla	लंगर डालना	langar dālana
cadena (f) del ancla	लंगर की ज़ंजीर (f)	langar kī zajīr
puerto (m)	बंदरगाह (m)	bandaragāh
embarcadero (m)	घाट (m)	ghāt
amarrar (vt)	किनारे लगना	kināre lagana
desamarrar (vt)	रवाना होना	ravāna hona
viaje (m)	यात्रा (f)	yātra
crucero (m) (viaje)	जलयात्रा (f)	jalayātra
derrota (f) (rumbo)	दिशा (f)	disha
itinerario (m)	मार्ग (m)	mārg
canal (m) navegable	नाव्य जलपथ (m)	nāvy jalapath
bajío (m)	छिछला पानी (m)	chhichhala pānī
encallar (vi)	छिछले पानी में धसना	chhichhale pānī men dhansana
tempestad (f)	तूफ़ान (m)	tufān
señal (f)	सिग्नल (m)	signal
hundirse (vr)	डूबना	dūbana
SOS	एसओएस	esoes
aro (m) salvavidas	लाइफ ब्वाय (m)	laif bvāy

T&P BOOKS

LA CIUDAD

T&P Books Publishing

autobús (m)	बस (f)	bas
tranvía (m)	ट्रैम (m)	traim
trolebús (m)	ट्रॉलीबस (f)	trolības
itinerario (m)	मार्ग (m)	mārg
número (m)	नम्बर (m)	nambar
ir en …	के माध्यम से जाना	ke mādhyam se jāna
tomar (~ el autobús)	सवार होना	savār hona
bajar (~ del tren)	उतरना	utarana
parada (f)	बस स्टॉप (m)	bas stop
próxima parada (f)	अगला स्टॉप (m)	agala stop
parada (f) final	अंतिम स्टेशन (m)	antim steshan
horario (m)	समय सारणी (f)	samay sāraṇī
esperar (aguardar)	इंतज़ार करना	intazār karana
billete (m)	टिकट (m)	tikat
precio (m) del billete	टिकट का किराया (m)	tikat ka kirāya
cajero (m)	कैशियर (m)	kaishiyar
control (m) de billetes	टिकट जाँच (f)	tikat jānch
revisor (m)	कंडक्टर (m)	kandaktar
llegar tarde (vi)	देर हो जाना	der ho jāna
perder (~ el tren)	छूट जाना	chhūt jāna
tener prisa	जल्दी में रहना	jaldī men rahana
taxi (m)	टैक्सी (m)	taiksī
taxista (m)	टैक्सीवाला (m)	taiksīvāla
en taxi	टैक्सी से (m)	taiksī se
parada (f) de taxi	टैक्सी स्टैंड (m)	taiksī staind
llamar un taxi	टैक्सी बुलाना	taiksī bulāna
tomar un taxi	टैक्सी लेना	taiksī lena
tráfico (m)	यातायात (f)	yātāyāt
atasco (m)	ट्रैफ़िक जाम (m)	traifik jām
horas (f pl) de punta	भीड़ का समय (m)	bhīṛ ka samay
aparcar (vi)	पार्क करना	pārk karana
aparcar (vt)	पार्क करना	pārk karana
aparcamiento (m)	पार्किंग (f)	pārking
metro (m)	मेट्रो (m)	metro
estación (f)	स्टेशन (m)	steshan
ir en el metro	मेट्रो लेना	metro lena

| tren (m) | रेलगाड़ी, ट्रेन (f) | relagārī, tren |
| estación (f) | स्टेशन (m) | steshan |

28. La ciudad. La vida en la ciudad

ciudad (f)	नगर (m)	nagar
capital (f)	राजधानी (f)	rājadhānī
aldea (f)	गांव (m)	gānv

plano (m) de la ciudad	नगर का नक्शा (m)	nagar ka naksha
centro (m) de la ciudad	नगर का केन्द्र (m)	nagar ka kendr
suburbio (m)	उपनगर (m)	upanagar
suburbano (adj)	उपनगरिक	upanagarik

arrabal (m)	बाहरी इलाका (m)	bāharī ilāka
afueras (f pl)	इर्दगिर्द के इलाके (m pl)	irdagird ke ilāke
barrio (m)	सेक्टर (m)	sektar
zona (f) de viviendas	मुहल्ला (m)	muhalla

tráfico (m)	यातायात (f)	yātāyāt
semáforo (m)	यातायात सिग्नल (m)	yātāyāt signal
transporte (m) urbano	जन परिवहन (m)	jan parivahan
cruce (m)	चौराहा (m)	chaurāha

paso (m) de peatones	ज़ेबरा क्रॉसिंग (f)	zebara krosing
paso (m) subterráneo	पैदल यात्रियों के लिए अंडरपास (f)	paidal yātriyon ke lie andarapās
cruzar (vt)	सड़क पार करना	sarak pār karana
peatón (m)	पैदल-यात्री (m)	paidal-yātrī
acera (f)	फुटपाथ (m)	futapāth

puente (m)	पुल (m)	pul
muelle (m)	तट (m)	tat
fuente (f)	फौवारा (m)	fauvāra

alameda (f)	छायापथ (f)	chhāyāpath
parque (m)	पार्क (m)	pārk
bulevar (m)	चौड़ी सड़क (m)	chaurī sarak
plaza (f)	मैदान (m)	maidān
avenida (f)	मार्ग (m)	mārg
calle (f)	सड़क (f)	sarak
callejón (m)	गली (f)	galī
callejón (m) sin salida	बंद गली (f)	band galī

casa (f)	मकान (m)	makān
edificio (m)	इमारत (f)	imārat
rascacielos (m)	गगनचुंबी भवन (f)	gaganachumbī bhavan

| fachada (f) | अगवाड़ा (m) | agavāra |
| techo (m) | छत (f) | chhat |

ventana (f)	खिड़की (f)	khirakī
arco (m)	मेहराब (m)	meharāb
columna (f)	स्तंभ (m)	stambh
esquina (f)	कोना (m)	kona
escaparate (f)	दुकान का शो-केस (m)	dukān ka sho-kes
letrero (m) (~ luminoso)	साईनबोर्ड (m)	saīnabord
cartel (m)	पोस्टर (m)	postar
cartel (m) publicitario	विज्ञापन पोस्टर (m)	vigyāpan postar
valla (f) publicitaria	बिलबोर्ड (m)	bilabord
basura (f)	कूड़ा (m)	kūra
cajón (m) de basura	कूड़े का डिब्बा (m)	kūre ka dibba
tirar basura	कूड़ा-कर्कट डालना	kūra-karkat dālana
basurero (m)	डम्पिंग ग्राउंड (m)	damping graund
cabina (f) telefónica	फ़ोन बूथ (m)	fon būth
farola (f)	बिजली का खंभा (m)	bijalī ka khambha
banco (m) (del parque)	पार्क-बेंच (f)	pārk-bench
policía (m)	पुलिसवाला (m)	pulisavāla
policía (f) (~ nacional)	पुलिस (m)	pulis
mendigo (m)	भिखारी (m)	bhikhārī
persona (f) sin hogar	बेघर (m)	beghar

29. Las instituciones urbanas

tienda (f)	दुकान (f)	dukān
farmacia (f)	दवाख़ाना (m)	davākhāna
óptica (f)	चश्मे की दुकान (f)	chashme kī dukān
centro (m) comercial	शॉपिंग मॉल (m)	shoping mol
supermercado (m)	सुपर बाज़ार (m)	supar bāzār
panadería (f)	बेकरी (f)	bekarī
panadero (m)	बेकर (m)	bekar
pastelería (f)	टॉफ़ी की दुकान (f)	tofī kī dukān
tienda (f) de comestibles	परचून की दुकान (f)	parachūn kī dukān
carnicería (f)	गोश्त की दुकान (f)	gosht kī dukān
verdulería (f)	सब्ज़ियों की दुकान (f)	sabziyon kī dukān
mercado (m)	बाज़ार (m)	bāzār
cafetería (f)	काफ़ी हाउस (m)	kāfī haus
restaurante (m)	रेस्टरॉं (m)	restarān
cervecería (f)	शराबख़ाना (m)	sharābakhāna
pizzería (f)	पिट्ज़ा की दुकान (f)	pitza kī dukān
peluquería (f)	नाई की दुकान (f)	naī kī dukān
oficina (f) de correos	डाकघर (m)	dākaghar
tintorería (f)	ड्राइक्लीनर (m)	draiklīnar

estudio (m) fotográfico	फ़ोटो की दुकान (f)	foto kī dukān
zapatería (f)	जूते की दुकान (f)	jūte kī dukān
librería (f)	किताबों की दुकान (f)	kitābon kī dukān
tienda (f) deportiva	खेलकूद की दुकान (f)	khelakūd kī dukān
arreglos (m pl) de ropa	कपड़ों की मरम्मत की दुकान (f)	kaparon kī marammat kī dukān
alquiler (m) de ropa	कपड़ों को किराए पर देने की दुकान (f)	kaparon ko kirae par dene kī dukān
videoclub (m)	वीडियो रेन्टल दुकान (f)	vīdiyo rental dukān
circo (m)	सर्कस (m)	sarkas
zoológico (m)	चिड़ियाघर (m)	chiriyāghar
cine (m)	सिनेमाघर (m)	sinemāghar
museo (m)	संग्रहालय (m)	sangrahālay
biblioteca (f)	पुस्तकालय (m)	pustakālay
teatro (m)	रंगमंच (m)	rangamanch
ópera (f)	ओपेरा (m)	opera
club (m) nocturno	नाईट क्लब (m)	naīt klab
casino (m)	केसिनो (m)	kesino
mezquita (f)	मस्जिद (m)	masjid
sinagoga (f)	सीनागोग (m)	sīnāgog
catedral (f)	गिरजाघर (m)	girajāghar
templo (m)	मंदिर (m)	mandir
iglesia (f)	गिरजाघर (m)	girajāghar
instituto (m)	कॉलेज (m)	kolej
universidad (f)	विश्वविद्यालय (m)	vishvavidyālay
escuela (f)	विद्यालय (m)	vidyālay
prefectura (f)	प्रशासक प्रान्त (m)	prashāsak prānt
alcaldía (f)	सिटी हॉल (m)	sitī hol
hotel (m)	होटल (f)	hotal
banco (m)	बैंक (m)	baink
embajada (f)	दूतावस (m)	dūtāvas
agencia (f) de viajes	पर्यटन आफ़िस (m)	paryatan āfis
oficina (f) de información	पूछताछ कार्यालय (m)	pūchhatāchh kāryālay
oficina (f) de cambio	मुद्रालय (m)	mudrālay
metro (m)	मेट्रो (m)	metro
hospital (m)	अस्पताल (m)	aspatāl
gasolinera (f)	पेट्रोल पम्प (f)	petrol pamp
aparcamiento (m)	पार्किंग (f)	pārking

30. Los avisos

letrero (m) (~ luminoso)	साईनबोर्ड (m)	saīnabord
cartel (m) (texto escrito)	दुकान का साईन (m)	dukān ka saīn

pancarta (f)	पोस्टर (m)	postar
señal (m) de dirección	दिशा संकेतक (m)	disha sanketak
flecha (f) (signo)	तीर दिशा संकेतक (m)	tīr disha sanketak
advertencia (f)	चेतावनी (f)	chetāvanī
aviso (m)	चेतावनी संकेतक (m)	chetāvanī sanketak
advertir (vt)	चेतावनी देना	chetāvanī dena
día (m) de descanso	छुट्टी का दिन (m)	chhuttī ka din
horario (m)	समय सारणी (f)	samay sāraṇī
horario (m) de apertura	खुलने का समय (m)	khulane ka samay
¡BIENVENIDOS!	आपका स्वागत है!	āpaka svāgat hai!
ENTRADA	प्रवेश	pravesh
SALIDA	निकास	nikās
EMPUJAR	धक्का दें	dhakka den
TIRAR	खींचे	khīnche
ABIERTO	खुला	khula
CERRADO	बंद	band
MUJERES	औरतों के लिये	auraton ke liye
HOMBRES	आदमियों के लिये	ādamiyon ke liye
REBAJAS	डिस्काउन्ट	diskaunt
SALDOS	सेल	sel
NOVEDAD	नया!	naya!
GRATIS	मुफ्त	muft
¡ATENCIÓN!	ध्यान दें!	dhyān den!
COMPLETO	कोई जगह खाली नहीं है	koī jagah khālī nahin hai
RESERVADO	रिज़र्वड	rizarvad
ADMINISTRACIÓN	प्रशासन	prashāsan
SÓLO PERSONAL	केवल कर्मचारियों के लिए	keval karmachāriyon ke lie
AUTORIZADO		
CUIDADO	कुत्ते से सावधान!	kutte se sāvadhān!
CON EL PERRO		
PROHIBIDO FUMAR	धुम्रपान निषेध!	dhumrapān nishedh!
NO TOCAR	छूना मना!	chhūna mana!
PELIGROSO	खतरा	khatara
PELIGRO	खतरा	khatara
ALTA TENSIÓN	उच्च वोल्टेज	uchch voltej
PROHIBIDO BAÑARSE	तैरना मना!	tairana mana!
NO FUNCIONA	ख़राब	kharāb
INFLAMABLE	ज्वलनशील	jvalanashīl
PROHIBIDO	निषिद्ध	nishiddh
PROHIBIDO EL PASO	प्रवेश निषेध!	pravesh nishedh!
RECIÉN PINTADO	गीला पेंट	gīla pent

31. Las compras

comprar (vt)	खरीदना	kharīdana
compra (f)	खरीदारी (f)	kharīdārī
hacer compras	खरीदारी करने जाना	kharīdārī karane jāna
compras (f pl)	खरीदारी (f)	kharīdārī
estar abierto (tienda)	खुला होना	khula hona
estar cerrado	बन्द होना	band hona
calzado (m)	जूता (m)	jūta
ropa (f)	पोशाक (m)	poshāk
cosméticos (m pl)	श्रृंगार-सामग्री (f)	shrrngār-sāmagrī
productos alimenticios	खाने-पीने की चीज़ें (f pl)	khāne-pīne kī chīzen
regalo (m)	उपहार (m)	upahār
vendedor (m)	बेचनेवाला (m)	bechanevāla
vendedora (f)	बेचनेवाली (f)	bechanevālī
caja (f)	कैश-काउन्टर (m)	kaish-kauntar
espejo (m)	आईना (m)	āīna
mostrador (m)	काउन्टर (m)	kauntar
probador (m)	ट्राई करने का कमरा (m)	traī karane ka kamara
probar (un vestido)	ट्राई करना	traī karana
quedar (una ropa, etc.)	फिटिंग करना	fiting karana
gustar (vi)	पसंद करना	pasand karana
precio (m)	दाम (m)	dām
etiqueta (f) de precio	प्राइस टैग (m)	prais taig
costar (vt)	दाम होना	dām hona
¿Cuánto?	कितना?	kitana?
descuento (m)	डिस्काउन्ट (m)	diskaunt
no costoso (adj)	सस्ता	sasta
barato (adj)	सस्ता	sasta
caro (adj)	महंगा	mahanga
Es caro	यह महंगा है	yah mahanga hai
alquiler (m)	रेन्टल (m)	rental
alquilar (vt)	किराए पर लेना	kirae par lena
crédito (m)	क्रेडिट (m)	kredit
a crédito (adv)	क्रेडिट पर	kredit par

LA ROPA Y LOS ACCESORIOS

T&P Books Publishing

ropa (f)	कपड़े (m)	kapare
ropa (f) de calle	बाहरी पोशाक (m)	bāharī poshāk
ropa (f) de invierno	सर्दियों की पोशक (f)	sardiyon kī poshak
abrigo (m)	ओवरकोट (m)	ovarakot
abrigo (m) de piel	फरकोट (m)	farakot
abrigo (m) corto de piel	फ़र की जैकेट (f)	far kī jaiket
chaqueta (f) plumón	फ़ेदर कोट (m)	fedar kot
cazadora (f)	जैकेट (f)	jaiket
impermeable (m)	बरसाती (f)	barasātī
impermeable (adj)	जलरोधक	jalarodhak

camisa (f)	कमीज़ (f)	kamīz
pantalones (m pl)	पैंट (m)	paint
jeans, vaqueros (m pl)	जीन्स (m)	jīns
chaqueta (f), saco (m)	कोट (m)	kot
traje (m)	सूट (m)	sūt
vestido (m)	फ़्रॉक (f)	frok
falda (f)	स्कर्ट (f)	skart
blusa (f)	ब्लाउज़ (f)	blauz
rebeca (f), chaqueta (f) de punto	कार्डिगन (f)	kārdigan
chaqueta (f)	जैकेट (f)	jaiket
camiseta (f) (T-shirt)	टी-शर्ट (f)	tī-shart
pantalones (m pl) cortos	शॉर्ट्स (m pl)	shorts
traje (m) deportivo	ट्रैक सूट (m)	traik sūt
bata (f) de baño	बाथ रोब (m)	bāth rob
pijama (m)	पजामा (m)	pajāma
suéter (m)	सूटर (m)	sūtar
pulóver (m)	पुलोवर (m)	pulovar
chaleco (m)	बण्डी (m)	bandī
frac (m)	टेल-कोट (m)	tel-kot
esmoquin (m)	डिनर-जैकेट (f)	dinar-jaiket
uniforme (m)	वर्दी (f)	vardī
ropa (f) de trabajo	वर्दी (f)	vardī

| mono (m) | ओवरऑल्स (m) | ovarols |
| bata (f) (p. ej. ~ blanca) | कोट (m) | kot |

34. La ropa. La ropa interior

ropa (f) interior	अंगवस्त्र (m)	angavastr
camiseta (f) interior	बनियान (f)	baniyān
calcetines (m pl)	मोज़े (m pl)	moze

camisón (m)	नाइट गाउन (m)	nait gaun
sostén (m)	ब्रा (f)	bra
calcetines (m pl) altos	घुटनों तक के मोज़े (m)	ghutanon tak ke moze
pantimedias (f pl)	टाइट्स (m pl)	taits
medias (f pl)	स्टॉकिंग (m pl)	stāking
traje (m) de baño	स्विम सूट (m)	svim sūt

35. Gorras

gorro (m)	टोपी (f)	topī
sombrero (m) de fieltro	हैट (f)	hait
gorra (f) de béisbol	बैस्बॉल कैप (f)	baisbol kaip
gorra (f) plana	फ़्लैट कैप (f)	flait kaip

boina (f)	बेरेट (m)	beret
capuchón (m)	हुड (m)	hūd
panamá (m)	पनामा हैट (m)	panāma hait
gorro (m) de punto	बुनी हुई टोपी (f)	bunī huī topī

| pañuelo (m) | सिर का स्कार्फ़ (m) | sir ka skārf |
| sombrero (m) de mujer | महिलाओं की टोपी (f) | mahilaon kī topī |

casco (m) (~ protector)	हेलमेट (f)	helamet
gorro (m) de campaña	पुलिसीया टोपी (f)	pulisīya topī
casco (m) (~ de moto)	हेलमेट (f)	helamet

| bombín (m) | बॉलर हैट (m) | bolar hait |
| sombrero (m) de copa | टॉप हैट (m) | top hait |

36. El calzado

calzado (m)	पनही (f)	panahī
botas (f pl)	जूते (m pl)	jūte
zapatos (m pl) (~ de tacón bajo)	जूते (m pl)	jūte
botas (f pl) altas	बूट (m pl)	būt
zapatillas (f pl)	चप्पल (f pl)	chappal

tenis (m pl)	टेनिस के जूते (m)	tenis ke jūte
zapatillas (f pl) de lona	स्नीकर्स (m)	snīkars
sandalias (f pl)	सैन्डल (f)	saindal
zapatero (m)	मोची (m)	mochī
tacón (m)	एड़ी (f)	erī
par (m)	जोड़ा (m)	jora
cordón (m)	जूते का फ़ीता (m)	jūte ka fīta
encordonar (vt)	फ़ीता बाँधना	fīta bāndhana
calzador (m)	शू-हॉर्न (m)	shū-horn
betún (m)	बूट-पॉलिश (m)	būt-pālish

37. Accesorios personales

guantes (m pl)	दस्ताने (m pl)	dastāne
manoplas (f pl)	दस्ताने (m pl)	dastāne
bufanda (f)	मफ़लर (m)	mafalar
gafas (f pl)	ऐनक (m pl)	ainak
montura (f)	चश्मे का फ्रेम (m)	chashme ka frem
paraguas (m)	छतरी (f)	chhatarī
bastón (m)	छड़ी (f)	chharī
cepillo (m) de pelo	ब्रश (m)	brash
abanico (m)	पंखा (m)	pankha
corbata (f)	टाई (f)	taī
pajarita (f)	बो टाई (f)	bo taī
tirantes (m pl)	पतलून बाँधने का फ़ीता (m)	patalūn bāndhane ka fīta
moquero (m)	रूमाल (m)	rūmāl
peine (m)	कंघा (m)	kangha
pasador (m) de pelo	बालपिन (f)	bālapin
horquilla (f)	हेयरक्लीप (f)	heyaraklīp
hebilla (f)	बकसुआ (m)	bakasua
cinturón (m)	बेल्ट (m)	belt
correa (f) (de bolso)	कंधे का पट्टा (m)	kandhe ka patta
bolsa (f)	बैग (m)	baig
bolso (m)	पर्स (m)	pars
mochila (f)	बैकपैक (m)	baikapaik

38. La ropa. Miscelánea

moda (f)	फ़ैशन (m)	faishan
de moda (adj)	प्रचलन में	prachalan men
diseñador (m) de moda	फ़ैशन डिज़ाइनर (m)	faishan dizainar

cuello (m)	कॉलर (m)	kolar
bolsillo (m)	जेब (m)	jeb
de bolsillo (adj)	जेब	jeb
manga (f)	आस्तीन (f)	āstīn
presilla (f)	हैंगिंग लूप (f)	hainging lūp
bragueta (f)	ज़िप (f)	zip
cremallera (f)	ज़िप (f)	zip
cierre (m)	हुक (m)	huk
botón (m)	बटन (m)	batan
ojal (m)	बटन का काज (m)	batan ka kāj
saltar (un botón)	निकल जाना	nikal jāna
coser (vi, vt)	सीना	sīna
bordar (vt)	काढ़ना	kārhana
bordado (m)	कढ़ाई (f)	karhaī
aguja (f)	सूई (f)	sūī
hilo (m)	धागा (m)	dhāga
costura (f)	सीवन (m)	sīvan
ensuciarse (vr)	मैला होना	maila hona
mancha (f)	धब्बा (m)	dhabba
arrugarse (vr)	शिकन पड़ जाना	shikan par jāna
rasgar (vt)	फट जाना	fat jāna
polilla (f)	कपड़ों के कीड़े (m)	kaparon ke kīre

39. Productos personales. Cosméticos

pasta (f) de dientes	टूथपेस्ट (m)	tūthapest
cepillo (m) de dientes	टूथब्रश (m)	tūthabrash
limpiarse los dientes	दाँत साफ़ करना	dānt sāf karana
maquinilla (f) de afeitar	रेज़र (f)	rezar
crema (f) de afeitar	हजामत का क्रीम (m)	hajāmat ka krīm
afeitarse (vr)	शेव करना	shev karana
jabón (m)	साबुन (m)	sābun
champú (m)	शैम्पू (m)	shaimpū
tijeras (f pl)	कैंची (f pl)	kainchī
lima (f) de uñas	नाख़ून घिसनी (f)	nākhūn ghisanī
cortaúñas (m pl)	नाख़ून कतरनी (f)	nākhūn kataranī
pinzas (f pl)	ट्वीज़र्स (f)	tvīzars
cosméticos (m pl)	श्रृंगार-सामग्री (f)	shrrngār-sāmagrī
mascarilla (f)	चेहरे का लेप (m)	chehare ka lep
manicura (f)	मैनीक्योर (m)	mainīkyor
hacer la manicura	मैनीक्योर करवाना	mainīkyor karavāna
pedicura (f)	पेडिक्यूर (m)	pedikyūr
bolsa (f) de maquillaje	श्रृंगार थैली (f)	shrrngār thailī

polvos (m pl)	पाउडर (m)	paudar
polvera (f)	कॉम्पैक्ट पाउडर (m)	kompaikt paudar
colorete (m), rubor (m)	ब्लशर (m)	blashar
perfume (m)	ख़ुशबू (f)	khushabū
agua (f) de tocador	टॉयलेट वॉटर (m)	tāyalet votar
loción (f)	लोशन (m)	loshan
agua (f) de Colonia	कोलोन (m)	kolon
sombra (f) de ojos	आई-शैडो (m)	āī-shaido
lápiz (m) de ojos	आई-पेंसिल (f)	āī-pensil
rímel (m)	मस्कारा (m)	maskāra
pintalabios (m)	लिपस्टिक (m)	lipastik
esmalte (m) de uñas	नेल पॉलिश (f)	nel polish
fijador (m) para el pelo	हेयर स्प्रे (m)	heyar spre
desodorante (m)	डिओडरेन्ट (m)	diodarent
crema (f)	क्रीम (m)	krīm
crema (f) de belleza	चेहरे की क्रीम (f)	chehare kī krīm
crema (f) de manos	हाथ की क्रीम (f)	hāth kī krīm
crema (f) antiarrugas	एंटी रिंकल क्रीम (f)	entī rinkal krīm
de día (adj)	दिन का	din ka
de noche (adj)	रात का	rāt ka
tampón (m)	टैम्पन (m)	taimpan
papel (m) higiénico	टॉयलेट पेपर (m)	toyalet pepar
secador (m) de pelo	हेयर ड्रायर (m)	heyar drāyar

40. Los relojes

reloj (m)	घड़ी (f pl)	gharī
esfera (f)	डायल (m)	dāyal
aguja (f)	सुई (f)	suī
pulsera (f)	धातु से बनी घड़ी का पट्टा (m)	dhātu se banī gharī ka patta
correa (f) (del reloj)	घड़ी का पट्टा (m)	gharī ka patta
pila (f)	बैटरी (f)	baiterī
descargarse (vr)	ख़त्म हो जाना	khatm ho jāna
cambiar la pila	बैटरी बदलना	baiterī badalana
adelantarse (vr)	तेज़ चलना	tez chalana
retrasarse (vr)	धीमी चलना	dhīmī chalana
reloj (m) de pared	दीवार-घड़ी (f pl)	dīvār-gharī
reloj (m) de arena	रेत-घड़ी (f pl)	ret-gharī
reloj (m) de sol	सूरज-घड़ी (f pl)	sūraj-gharī
despertador (m)	अलार्म घड़ी (f)	alārm gharī
relojero (m)	घड़ीसाज़ (m)	gharīsāz
reparar (vt)	मरम्मत करना	marammat karana

LA EXPERIENCIA DIARIA

T&P Books Publishing

41. El dinero

dinero (m)	पैसा (m pl)	paisa
cambio (m)	मुद्रा विनिमय (m)	mudra vinimay
curso (m)	विनिमय दर (m)	vinimay dar
cajero (m) automático	एटीएम (m)	eṭīem
moneda (f)	सिक्का (m)	sikka
dólar (m)	डॉलर (m)	dolar
euro (m)	यूरो (m)	yūro
lira (f)	लीरा (f)	līra
marco (m) alemán	डचमार्क (m)	dachamārk
franco (m)	फ्रांक (m)	frānk
libra esterlina (f)	पाउन्ड स्टरलिंग (m)	paund staraling
yen (m)	येन (m)	yen
deuda (f)	कर्ज़ (m)	karz
deudor (m)	क़र्ज़दार (m)	qarzadār
prestar (vt)	कर्ज़ देना	karz dena
tomar prestado	कर्ज़ लेना	karz lena
banco (m)	बैंक (m)	baink
cuenta (f)	बैंक खाता (m)	baink khāta
ingresar en la cuenta	बैंक खाते में जमा करना	baink khāte men jama karana
sacar de la cuenta	खाते से पैसे निकालना	khāte se paise nikālana
tarjeta (f) de crédito	क्रेडिट कार्ड (m)	kredit kārd
dinero (m) en efectivo	कैश (m pl)	kaish
cheque (m)	चेक (m)	chek
sacar un cheque	चेक लिखना	chek likhana
talonario (m)	चेकबुक (f)	chekabuk
cartera (f)	बटुआ (m)	batua
monedero (m)	बटुआ (m)	batua
caja (f) fuerte	लॉकर (m)	lokar
heredero (m)	उत्तराधिकारी (m)	uttarādhikārī
herencia (f)	उत्तराधिकार (m)	uttarādhikār
fortuna (f)	संपत्ति (f)	sampatti
arriendo (m)	किराये पर देना (m)	kirāye par dena
alquiler (m) (dinero)	किराया (m)	kirāya
alquilar (~ una casa)	किराए पर लेना	kirae par lena
precio (m)	दाम (m)	dām

coste (m)	कीमत (f)	kīmat
suma (f)	रक़म (m)	raqam
gastar (vt)	ख़र्च करना	kharch karana
gastos (m pl)	ख़र्च (m pl)	kharch
economizar (vi, vt)	बचत करना	bachat karana
económico (adj)	किफ़ायती	kifāyatī
pagar (vi, vt)	दाम चुकाना	dām chukāna
pago (m)	भुगतान (m)	bhugatān
cambio (m) (devolver el ~)	चिल्लर (m)	chillar
impuesto (m)	टैक्स (m)	taiks
multa (f)	जुर्माना (m)	jurmāna
multar (vt)	जुर्माना लगाना	jurmāna lagāna

42. La oficina de correos

oficina (f) de correos	डाकघर (m)	dākaghar
correo (m) (cartas, etc.)	डाक (m)	dāk
cartero (m)	डाकिया (m)	dākiya
horario (m) de apertura	खुलने का समय (m)	khulane ka samay
carta (f)	पत्र (m)	patr
carta (f) certificada	रजिस्टरी पत्र (m)	rajistarī patr
tarjeta (f) postal	पोस्ट कार्ड (m)	post kārd
telegrama (m)	तार (m)	tār
paquete (m) postal	पार्सल (f)	pārsal
giro (m) postal	मनी ट्रांसफर (m)	manī trānsafar
recibir (vt)	पाना	pāna
enviar (vt)	भेजना	bhejana
envío (m)	भेज (m)	bhej
dirección (f)	पता (m)	pata
código (m) postal	पिन कोड (m)	pin kod
expedidor (m)	भेजनेवाला (m)	bhejanevāla
destinatario (m)	पानेवाला (m)	pānevāla
nombre (m)	पहला नाम (m)	pahala nām
apellido (m)	उपनाम (m)	upanām
tarifa (f)	डाक दर (m)	dāk dar
ordinario (adj)	मानक	mānak
económico (adj)	किफ़ायती	kifāyatī
peso (m)	वज़न (m)	vazan
pesar (~ una carta)	तोलना	tolana
sobre (m)	लिफ़ाफ़ा (m)	lifāfa
sello (m)	डाक टिकट (m)	dāk tikat
poner un sello	डाक टिकट लगाना	dāk tikat lagāna

43. La banca

banco (m)	बैंक (m)	baink
sucursal (f)	शाखा (f)	shākha
consultor (m)	क्लर्क (m)	klark
gerente (m)	मैनेजर (m)	mainejar
cuenta (f)	बैंक खाता (m)	baink khāta
numero (m) de la cuenta	खाते का नम्बर (m)	khāte ka nambar
cuenta (f) corriente	चालू खाता (m)	chālū khāta
cuenta (f) de ahorros	बचत खाता (m)	bachat khāta
abrir una cuenta	खाता खोलना	khāta kholana
cerrar la cuenta	खाता बंद करना	khāta band karana
ingresar en la cuenta	खाते में जमा करना	khāte men jama karana
sacar de la cuenta	खाते से पैसा निकालना	khāte se paisa nikālana
depósito (m)	जमा (m)	jama
hacer un depósito	जमा करना	jama karana
giro (m) bancario	तार स्थानांतरण (m)	tār sthānāntaran
hacer un giro	पैसे स्थानांतरित करना	paise sthānāntarit karana
suma (f)	रक़म (m)	raqam
¿Cuánto?	कितना?	kitana?
firma (f) (nombre)	हस्ताक्षर (f)	hastākshar
firmar (vt)	हस्ताक्षर करना	hastākshar karana
tarjeta (f) de crédito	क्रेडिट कार्ड (m)	kredit kārd
código (m)	पिन कोड (m)	pin kod
número (m) de tarjeta de crédito	क्रेडिट कार्ड संख्या (f)	kredit kārd sankhya
cajero (m) automático	एटीएम (m)	etīem
cheque (m)	चेक (m)	chek
sacar un cheque	चेक लिखना	chek likhana
talonario (m)	चेकबुक (f)	chekabuk
crédito (m)	उधार (m)	uthār
pedir el crédito	उधार के लिए आवेदन करना	udhār ke lie āvedan karana
obtener un crédito	उधार लेना	uthār lena
conceder un crédito	उधार देना	uthār dena
garantía (f)	गारन्टी (f)	gārantī

44. El teléfono. Las conversaciones telefónicas

teléfono (m)	फ़ोन (m)	fon
teléfono (m) móvil	मोबाइल फ़ोन (m)	mobail fon

contestador (m)	जवाबी मशीन (f)	javābī mashīn
llamar, telefonear	फ़ोन करना	fon karana
llamada (f)	कॉल (m)	kol
marcar un número	नम्बर लगाना	nambar lagāna
¿Sí?, ¿Dígame?	हेलो!	helo!
preguntar (vt)	पूछना	pūchhana
responder (vi, vt)	जवाब देना	javāb dena
oír (vt)	सुनना	sunana
bien (adv)	ठीक	thīk
mal (adv)	ठीक नहीं	thīk nahin
ruidos (m pl)	आवाज़ें (f)	āvāzen
auricular (m)	रिसीवर (m)	risīvar
descolgar (el teléfono)	फ़ोन उठाना	fon uthāna
colgar el auricular	फ़ोन रखना	fon rakhana
ocupado (adj)	बिज़ी	bizī
sonar (teléfono)	फ़ोन बजना	fon bajana
guía (f) de teléfonos	टेलीफ़ोन बुक (m)	telīfon buk
local (adj)	लोकल	lokal
de larga distancia	लंबी दूरी की कॉल	lambī dūrī kī kol
internacional (adj)	अंतरराष्ट्रीय	antarrāshtrīy

45. El teléfono celular

teléfono (m) móvil	मोबाइल फ़ोन (m)	mobail fon
pantalla (f)	डिस्प्ले (m)	disple
botón (m)	बटन (m)	batan
tarjeta SIM (f)	सिम कार्ड (m)	sim kārd
pila (f)	बैटरी (f)	baitarī
descargarse (vr)	बैटरी डेड हो जाना	baitarī ded ho jāna
cargador (m)	चार्जर (m)	chārjar
menú (m)	मीनू (m)	mīnū
preferencias (f pl)	सेटिंग्स (f)	setings
melodía (f)	कॉलर ट्यून (m)	kolar tyūn
seleccionar (vt)	चुनना	chunana
calculadora (f)	कैल्कुलैटर (m)	kailkulaitar
contestador (m)	वॉयस मेल (f)	voyas mel
despertador (m)	अलार्म घड़ी (f)	alārm gharī
contactos (m pl)	संपर्क (m)	sampark
mensaje (m) de texto	एसएमएस (m)	esemes
abonado (m)	सदस्य (m)	sadasy

46. Los artículos de escritorio. La papelería

bolígrafo (m)	बॉल पेन (m)	bol pen
pluma (f) estilográfica	फाउन्टेन पेन (m)	faunten pen
lápiz (m)	पेंसिल (f)	pensil
marcador (m)	हाइलाइटर (m)	hailaitar
rotulador (m)	फ़ेल्ट टिप पेन (m)	felt tip pen
bloc (m) de notas	नोटबुक (m)	notabuk
agenda (f)	डायरी (f)	dāyarī
regla (f)	स्केल (m)	skel
calculadora (f)	कैल्कुलेटर (m)	kailkuletar
goma (f) de borrar	रबड़ (f)	rabar
chincheta (f)	थंबटैक (m)	thanrbataik
clip (m)	पेपर क्लिप (m)	pepar klip
cola (f), pegamento (m)	गोंद (f)	gond
grapadora (f)	स्टेप्लर (m)	steplar
perforador (m)	होल पंचर (m)	hol panchar
sacapuntas (m)	शार्पनर (m)	shārpanar

47. Los idiomas extranjeros

lengua (f)	भाषा (f)	bhāsha
lengua (f) extranjera	विदेशी भाषा (f)	videshī bhāsha
estudiar (vt)	पढ़ना	parhana
aprender (ingles, etc.)	सीखना	sīkhana
leer (vi, vt)	पढ़ना	parhana
hablar (vi, vt)	बोलना	bolana
comprender (vt)	समझना	samajhana
escribir (vt)	लिखना	likhana
rápidamente (adv)	तेज़	tez
lentamente (adv)	धीरे	dhīre
con fluidez (adv)	धड़ल्ले से	dharalle se
reglas (f pl)	नियम (m pl)	niyam
gramática (f)	व्याकरण (m)	vyākaran
vocabulario (m)	शब्दावली (f)	shabdāvalī
fonética (f)	स्वरविज्ञान (m)	svaravigyān
manual (m)	पाठ्यपुस्तक (f)	pāthyapustak
diccionario (m)	शब्दकोश (m)	shabdakosh
manual (m) autodidáctico	स्वयंशिक्षक पुस्तक (m)	svayanshikshak pustak
guía (f) de conversación	वार्तालाप-पुस्तिका (f)	vārttālāp-pustika
casete (m)	कैसेट (f)	kaiset

videocasete (f)	वीडियो कैसेट (m)	vīdiyo kaiset
disco compacto, CD (m)	सीडी (m)	sīdī
DVD (m)	डीवीडी (m)	dīvīdī
alfabeto (m)	वर्णमाला (f)	varnamāla
deletrear (vt)	हिज्जे करना	hijje karana
pronunciación (f)	उच्चारण (m)	uchchāran
acento (m)	लहज़ा (m)	lahaza
con acento	लहज़े के साथ	lahaze ke sāth
sin acento	बिना लहज़े	bina lahaze
palabra (f)	शब्द (m)	shabd
significado (m)	मतलब (m)	matalab
cursos (m pl)	पाठ्यक्रम (m)	pāthyakram
inscribirse (vr)	सदस्य बनना	sadasy banana
profesor (m) (~ de inglés)	शिक्षक (m)	shikshak
traducción (f) (proceso)	तर्जुमा (m)	tarjuma
traducción (f) (texto)	अनुवाद (m)	anuvād
traductor (m)	अनुवादक (m)	anuvādak
intérprete (m)	दुभाषिया (m)	dubhāshiya
políglota (m)	बहुभाषी (m)	bahubhāshī
memoria (f)	स्मृति (f)	smrti

T&P BOOKS

LAS COMIDAS.
EL RESTAURANTE

T&P Books Publishing

48. Los cubiertos

cuchara (f)	चम्मच (m)	chammach
cuchillo (m)	छुरी (f)	chhurī
tenedor (m)	काँटा (m)	kānta
taza (f)	प्याला (m)	pyāla
plato (m)	तश्तरी (f)	tashtarī
platillo (m)	साँसर (m)	sosar
servilleta (f)	नैपकीन (m)	naipakīn
mondadientes (m)	टूथपिक (m)	tūthapik

49. El restaurante

restaurante (m)	रेस्टराँ (m)	restarān
cafetería (f)	कॉफ़ी हाउस (m)	kofī haus
bar (m)	बार (m)	bār
salón (m) de té	चायख़ाना (m)	chāyakhāna
camarero (m)	बैरा (m)	baira
camarera (f)	बैरी (f)	bairī
barman (m)	बारमैन (m)	bāramain
carta (f), menú (m)	मेनू (m)	menū
carta (f) de vinos	वाइन सूची (f)	vain sūchī
reservar una mesa	मेज़ बुक करना	mez buk karana
plato (m)	पकवान (m)	pakavān
pedir (vt)	आर्डर देना	ārdar dena
hacer un pedido	आर्डर देना	ārdar dena
aperitivo (m)	एपेरेतीफ़ (m)	eperetīf
entremés (m)	एपेटाइज़र (m)	epetaizar
postre (m)	मीठा (m)	mītha
cuenta (f)	बिल (m)	bil
pagar la cuenta	बील का भुगतान करना	bīl ka bhugatān karana
dar la vuelta	खुले पैसे देना	khule paise dena
propina (f)	टिप (f)	tip

50. Las comidas

comida (f)	खाना (m)	khāna
comer (vi, vt)	खाना खाना	khāna khāna

desayuno (m)	नाश्ता (m)	nāshta
desayunar (vi)	नाश्ता करना	nāshta karana
almuerzo (m)	दोपहर का भोजन (m)	dopahar ka bhojan
almorzar (vi)	दोपहर का भोजन करना	dopahar ka bhojan karana
cena (f)	रात्रिभोज (m)	rātribhoj
cenar (vi)	रात्रिभोज करना	rātribhoj karana

| apetito (m) | भूख (f) | bhūkh |
| ¡Que aproveche! | अपने भोजन का आनंद उठाएं! | apane bhojan ka ānand uthaen! |

abrir (vt)	खोलना	kholana
derramar (líquido)	गिराना	girāna
derramarse (líquido)	गिराना	girāna

hervir (vi)	उबालना	ubālana
hervir (vt)	उबालना	ubālana
hervido (agua ~a)	उबला हुआ	ubala hua
enfriar (vt)	ठंडा करना	thanda karana
enfriarse (vr)	ठंडा करना	thanda karana

| sabor (m) | स्वाद (m) | svād |
| regusto (m) | स्वाद (m) | svād |

adelgazar (vi)	वज़न घटाना	vazan ghatāna
dieta (f)	डाइट (m)	dait
vitamina (f)	विटामिन (m)	vitāmin
caloría (f)	कैलोरी (f)	kailorī
vegetariano (m)	शाकाहारी (m)	shākāhārī
vegetariano (adj)	शाकाहारी	shākāhārī

grasas (f pl)	वसा (m pl)	vasa
proteínas (f pl)	प्रोटीन (m pl)	protīn
carbohidratos (m pl)	कार्बोहाइड्रेट (m)	kārbohaidret
loncha (f)	टुकड़ा (m)	tukara
pedazo (m)	टुकड़ा (m)	tukara
miga (f)	टुकड़ा (m)	tukara

51. Los platos

plato (m)	पकवान (m)	pakavān
cocina (f)	व्यंजन (m)	vyanjan
receta (f)	रैसीपी (f)	raisīpī
porción (f)	भाग (m)	bhāg

| ensalada (f) | सलाद (m) | salād |
| sopa (f) | सूप (m) | sūp |

| caldo (m) | यख़नी (f) | yakhanī |
| bocadillo (m) | सैन्डविच (m) | saindavich |

huevos (m pl) fritos	आमलेट (m)	āmalet
hamburguesa (f)	हैमबर्गर (m)	haimabargar
bistec (m)	बीफ़स्टीक (m)	bīfastīk

guarnición (f)	साइड डिश (f)	said dish
espagueti (m)	स्पेघेटी (f)	speghetī
puré (m) de patatas	आलू भरता (f)	ālū bharata
pizza (f)	पीट्ज़ा (f)	pīīza
gachas (f pl)	दलिया (f)	daliya
tortilla (f) francesa	आमलेट (m)	āmalet

cocido en agua (adj)	उबला	ubala
ahumado (adj)	धुएँ में पकाया हुआ	dhuen men pakāya hua
frito (adj)	भुना	bhuna
seco (adj)	सूखा	sūkha
congelado (adj)	फ्रोज़न	frozan
marinado (adj)	अचार	achār

azucarado, dulce (adj)	मीठा	mītha
salado (adj)	नमकीन	namakīn
frío (adj)	ठंडा	thanda
caliente (adj)	गरम	garam
amargo (adj)	कड़वा	karava
sabroso (adj)	स्वादिष्ट	svādisht

cocer en agua	उबलते पानी में पकाना	ubalate pānī men pakāna
preparar (la cena)	खाना बनाना	khāna banāna
freír (vt)	भूनना	bhūnana
calentar (vt)	गरम करना	garam karana

salar (vt)	नमक डालना	namak dālana
poner pimienta	मिर्च डालना	mirch dālana
rallar (vt)	कद्दूकश करना	kaddūkash karana
piel (f)	छिलका (f)	chhilaka
pelar (vt)	छिलका निकलना	chhilaka nikalana

52. La comida

carne (f)	गोश्त (m)	gosht
gallina (f)	चीकन (m)	chīkan
pollo (m)	रॉक कोर्निश मुर्गी (f)	rok kornish murgī
pato (m)	बतख़ (f)	battakh
ganso (m)	हंस (m)	hans
caza (f) menor	शिकार के पशुपक्षी (f)	shikār ke pashupakshī
pava (f)	टर्की (m)	tarkī

carne (f) de cerdo	सुअर का गोश्त (m)	suar ka gosht
carne (f) de ternera	बछड़े का गोश्त (m)	bachhare ka gosht
carne (f) de carnero	भेड़ का गोश्त (m)	bher ka gosht
carne (f) de vaca	गाय का गोश्त (m)	gāy ka gosht

conejo (m)	खरगोश (m)	kharagosh
salchichón (m)	सॉसेज (f)	sosej
salchicha (f)	वियना सॉसेज (m)	viyana sosej
beicon (m)	बेकन (m)	bekan
jamón (m)	हैम (m)	haim
jamón (m) fresco	सुअर की जांघ (f)	suar kī jāngh
paté (m)	पिसा हुआ गोश्त (m)	pisa hua gosht
hígado (m)	जिगर (f)	jigar
carne (f) picada	कीमा (m)	kīma
lengua (f)	जीभ (m)	jībh
huevo (m)	अंडा (m)	anda
huevos (m pl)	अंडे (m pl)	ande
clara (f)	अंडे की सफ़ेदी (m)	ande kī safedī
yema (f)	अंडे की ज़र्दी (m)	ande kī zardī
pescado (m)	मछली (f)	machhalī
mariscos (m pl)	समुद्री खाना (m)	samudrī khāna
caviar (m)	मछली के अंडे (m)	machhalī ke ande
cangrejo (m) de mar	केकड़ा (m)	kekara
camarón (m)	चिंगड़ा (m)	chingara
ostra (f)	सीप (m)	sīp
langosta (f)	लोबस्टर (m)	lobastar
pulpo (m)	ओक्टोपस (m)	oktopas
calamar (m)	स्कीड (m)	skīd
esturión (m)	स्टर्जन (f)	starjan
salmón (m)	सालमन (m)	sālaman
fletán (m)	हैलिबट (f)	hailibat
bacalao (m)	कॉड (f)	kod
caballa (f)	माक्रैल (f)	mākrail
atún (m)	टूना (f)	tūna
anguila (f)	बाम मछली (f)	bām machhalī
trucha (f)	ट्राउट मछली (f)	traut machhalī
sardina (f)	सार्डीन (f)	sārdīn
lucio (m)	पाइक (f)	paik
arenque (m)	हेरिंग मछली (f)	hering machhalī
pan (m)	ब्रेड (f)	bred
queso (m)	पनीर (m)	panīr
azúcar (m)	चीनी (f)	chīnī
sal (f)	नमक (m)	namak
arroz (m)	चावल (m)	chāval
macarrones (m pl)	पास्ता (m)	pāsta
tallarines (m pl)	नूडल्स (m)	nūdals
mantequilla (f)	मक्खन (m)	makkhan
aceite (m) vegetal	तेल (m)	tel

aceite (m) de girasol	सूरजमुखी तेल (m)	sūrajamukhī tel
margarina (f)	नकली मक्खन (m)	nakalī makkhan
olivas, aceitunas (f pl)	जैतून (m)	jaitūn
aceite (m) de oliva	जैतून का तेल (m)	jaitūn ka tel
leche (f)	दूध (m)	dūdh
leche (f) condensada	रबड़ी (f)	rabarī
yogur (m)	दही (m)	dahī
nata (f) agria	खट्टी क्रीम (f)	khattī krīm
nata (f) líquida	मलाई (f pl)	malaī
mayonesa (f)	मेयोनेज़ (m)	meyonez
crema (f) de mantequilla	क्रीम (m)	krīm
cereales (m pl) integrales	अनाज के दाने (m)	anāj ke dāne
harina (f)	आटा (m)	āta
conservas (f pl)	डिब्बाबन्द खाना (m)	dibbāband khāna
copos (m pl) de maíz	कॉर्नफ्लेक्स (m)	kornafleks
miel (f)	शहद (m)	shahad
confitura (f)	जैम (m)	jaim
chicle (m)	चूइन्ग गम (m)	chūing gam

53. Las bebidas

agua (f)	पानी (m)	pānī
agua (f) potable	पीने का पानी (f)	pīne ka pānī
agua (f) mineral	मिनरल वॉटर (m)	minaral votar
sin gas	स्टिल वॉटर	stil votar
gaseoso (adj)	कार्बोनेटेड	kārboneted
con gas	स्पार्कलिंग	spārkaling
hielo (m)	बर्फ़ (m)	barf
con hielo	बर्फ़ के साथ	barf ke sāth
sin alcohol	शराब रहित	sharāb rahit
bebida (f) sin alcohol	कोल्ड ड्रिंक (f)	kold drink
refresco (m)	शीतलक ड्रिंक (f)	shītalak drink
limonada (f)	लेमोनेड (m)	lemoned
bebidas (f pl) alcohólicas	शराब (m pl)	sharāb
vino (m)	वाइन (f)	vain
vino (m) blanco	सफ़ेद वाइन (f)	safed vain
vino (m) tinto	लाल वाइन (f)	lāl vain
licor (m)	लिकर (m)	likar
champaña (f)	शैम्पेन (f)	shaimpen
vermú (m)	वर्मीठ (f)	varmauth
whisky (m)	विस्की (f)	viskī

vodka (m)	वोडका (m)	vodaka
ginebra (f)	जिन (f)	jin
coñac (m)	कोन्याक (m)	konyāk
ron (m)	रम (m)	ram

café (m)	कॉफ़ी (f)	kofī
café (m) solo	काली कॉफ़ी (f)	kālī kofī
café (m) con leche	दूध के साथ कॉफ़ी (f)	dūdh ke sāth kofī
capuchino (m)	कैपूचिनो (f)	kaipūchino
café (m) soluble	इन्सटेन्ट-काफ़ी (f)	insatent-kāfī

leche (f)	दूध (m)	dūdh
cóctel (m)	कॉकटेल (m)	kokatel
batido (m)	मिल्कशेक (m)	milkashek

zumo (m), jugo (m)	रस (m)	ras
jugo (m) de tomate	टमाटर का रस (m)	tamātar ka ras
zumo (m) de naranja	संतरे का रस (m)	santare ka ras
zumo (m) fresco	ताज़ा रस (m)	tāza ras

cerveza (f)	बियर (m)	biyar
cerveza (f) rubia	हल्का बियर (m)	halka biyar
cerveza (f) negra	डार्क बियर (m)	dārk biyar

té (m)	चाय (f)	chāy
té (m) negro	काली चाय (f)	kālī chāy
té (m) verde	हरी चाय (f)	harī chāy

54. Las verduras

legumbres (f pl)	सब्ज़ियाँ (f pl)	sabziyān
verduras (f pl)	हरी सब्ज़ियाँ (f)	harī sabziyān

tomate (m)	टमाटर (m)	tamātar
pepino (m)	खीरा (m)	khīra
zanahoria (f)	गाजर (f)	gājar
patata (f)	आलू (m)	ālū
cebolla (f)	प्याज़ (m)	pyāz
ajo (m)	लहसुन (m)	lahasun

col (f)	पत्ता गोभी (f)	patta gobhī
coliflor (f)	फूल गोभी (f)	fūl gobhī
col (f) de Bruselas	ब्रसेल्स स्प्राउट्स (m)	brasels sprauts
brócoli (m)	ब्रोकोली (f)	brokolī

remolacha (f)	चुकन्दर (m)	chukandar
berenjena (f)	बैंगन (m)	baingan
calabacín (m)	तुरई (f)	turī
calabaza (f)	कद्दू	kaddū
nabo (m)	शलजम (f)	shalajam

perejil (m)	अजमोद (f)	ajamod
eneldo (m)	सोआ (m)	soa
lechuga (f)	सलाद पत्ता (m)	salād patta
apio (m)	सेलरी (m)	selarī
espárrago (m)	एस्पैरेगस (m)	espairegas
espinaca (f)	पालक (m)	pālak

guisante (m)	मटर (m)	matar
habas (f pl)	फली (f pl)	falī
maíz (m)	मकई (f)	makī
fréjol (m)	राजमा (f)	rājama

pimiento (m) dulce	शिमला मिर्च (m)	shimala mirch
rábano (m)	मूली (f)	mūlī
alcachofa (f)	हाथीचक (m)	hāthīchak

55. Las frutas. Las nueces

fruto (m)	फल (m)	fal
manzana (f)	सेब (m)	seb
pera (f)	नाशपाती (f)	nāshapātī
limón (m)	नींबू (m)	nīmbū
naranja (f)	संतरा (m)	santara
fresa (f)	स्ट्रॉबेरी (f)	stroberī

mandarina (f)	नारंगी (m)	nārangī
ciruela (f)	आलूबुखारा (m)	ālūbukhāra
melocotón (m)	आड़ू (m)	ārū
albaricoque (m)	खूबानी (f)	khūbānī
frambuesa (f)	रसभरी (f)	rasabharī
piña (f)	अनानास (m)	anānās

banana (f)	केला (m)	kela
sandía (f)	तरबूज़ (m)	tarabūz
uva (f)	अंगूर (m)	angūr
guinda (f), cereza (f)	चेरी (f)	cherī
melón (m)	खरबूज़ा (f)	kharabūza

pomelo (m)	ग्रेपफ्रूट (m)	grepafrūt
aguacate (m)	एवोकाडो (m)	evokādo
papaya (f)	पपीता (m)	papīta
mango (m)	आम (m)	ām
granada (f)	अनार (m)	anār

grosella (f) roja	लाल किशमिश (f)	lāl kishamish
grosella (f) negra	काली किशमिश (f)	kālī kishamish
grosella (f) espinosa	आमला (m)	āmala
arándano (m)	बिलबेरी (f)	bilaberī
zarzamoras (f pl)	ब्लैकबेरी (f)	blaikaberī
pasas (f pl)	किशमिश (m)	kishamish

higo (m)	अंजीर (m)	anjīr
dátil (m)	खजूर (m)	khajūr
cacahuete (m)	मूँगफली (m)	mūngafalī
almendra (f)	बादाम (f)	bādām
nuez (f)	अखरोट (m)	akharot
avellana (f)	हेज़लनट (m)	hezalanat
nuez (f) de coco	नारियल (m)	nāriyal
pistachos (m pl)	पिस्ता (m)	pista

56. El pan. Los dulces

pasteles (m pl)	मिठाई (f pl)	mithaī
pan (m)	ब्रेड (f)	bred
galletas (f pl)	बिस्कुट (m)	biskut
chocolate (m)	चॉकलेट (m)	chokalet
de chocolate (adj)	चॉकलेटी	chokaletī
caramelo (m)	टॉफ़ी (f)	tofī
tarta (f) (pequeña)	पेस्ट्री (f)	pestrī
tarta (f) (~ de cumpleaños)	केक (m)	kek
tarta (f) (~ de manzana)	पाई (m)	paī
relleno (m)	फ़िलिंग (f)	filing
confitura (f)	जैम (m)	jaim
mermelada (f)	मुरब्बा (m)	murabba
gofre (m)	वेफ़र (m pl)	vefar
helado (m)	आईस-क्रीम (f)	āīs-krīm

57. Las especias

sal (f)	नमक (m)	namak
salado (adj)	नमकीन	namakīn
salar (vt)	नमक डालना	namak dālana
pimienta (f) negra	काली मिर्च (f)	kālī mirch
pimienta (f) roja	लाल मिर्च (m)	lāl mirch
mostaza (f)	सरसों (m)	sarason
rábano (m) picante	अरब मूली (f)	arab mūlī
condimento (m)	मसाला (m)	masāla
especia (f)	मसाला (m)	masāla
salsa (f)	चटनी (f)	chatanī
vinagre (m)	सिरका (m)	siraka
anís (m)	सौंफ़ (f)	saumf
albahaca (f)	तुलसी (f)	tulasī

clavo (m)	लौंग (f)	laung
jengibre (m)	अदरक (m)	adarak
cilantro (m)	धनिया (m)	dhaniya
canela (f)	दालचीनी (f)	dālachīnī
sésamo (m)	तिल (m)	til
hoja (f) de laurel	तेजपत्ता (m)	tejapatta
paprika (f)	लाल शिमला मिर्च पाउडर (m)	lāl shimala mirch paudar
comino (m)	ज़ीरा (m)	zīra
azafrán (m)	ज़ाफ़रान (m)	zāfarān

BOOKS

LA INFORMACIÓN PERSONAL. LA FAMILIA

T&P Books Publishing

nombre (m)	पहला नाम (m)	pahala nām
apellido (m)	उपनाम (m)	upanām
fecha (f) de nacimiento	जन्म-दिवस (m)	janm-divas
lugar (m) de nacimiento	मातृभूमि (f)	mātrbhūmi
nacionalidad (f)	नागरिकता (f)	nāgarikata
domicilio (m)	निवास स्थान (m)	nivās sthān
país (m)	देश (m)	desh
profesión (f)	पेशा (m)	pesha
sexo (m)	लिंग (m)	ling
estatura (f)	क़द (m)	qad
peso (m)	वज़न (m)	vazan

madre (f)	माँ (f)	mān
padre (m)	पिता (m)	pita
hijo (m)	बेटा (m)	beta
hija (f)	बेटी (f)	betī
hija (f) menor	छोटी बेटी (f)	chhotī betī
hijo (m) menor	छोटा बेटा (m)	chhota beta
hija (f) mayor	बड़ी बेटी (f)	barī betī
hijo (m) mayor	बड़ा बेटा (m)	bara beta
hermano (m)	भाई (m)	bhaī
hermana (f)	बहन (f)	bahan
primo (m)	चचेरा भाई (m)	chachera bhaī
prima (f)	चचेरी बहन (f)	chacherī bahan
mamá (f)	अम्मा (f)	amma
papá (m)	पापा (m)	pāpa
padres (pl)	माँ-बाप (m pl)	mān-bāp
niño -a (m, f)	बच्चा (m)	bachcha
niños (pl)	बच्चे (m pl)	bachche
abuela (f)	दादी (f)	dādī
abuelo (m)	दादा (m)	dāda
nieto (m)	पोता (m)	pota
nieta (f)	पोती (f)	potī
nietos (pl)	पोते (m)	pote

tío (m)	चाचा (m)	chācha
tía (f)	चाची (f)	chāchī
sobrino (m)	भतीजा (m)	bhatīja
sobrina (f)	भतीजी (f)	bhatījī
suegra (f)	सास (f)	sās
suegro (m)	ससुर (m)	sasur
yerno (m)	दामाद (m)	dāmād
madrastra (f)	सौतेली माँ (f)	sautelī mān
padrastro (m)	सौतेले पिता (m)	sautele pita
niño (m) de pecho	दूधमुँहा बच्चा (m)	dudhamunha bachcha
bebé (m)	शिशु (f)	shishu
chico (m)	छोटा बच्चा (m)	chhota bachcha
mujer (f)	पत्नी (f)	patnī
marido (m)	पति (m)	pati
esposo (m)	पति (m)	pati
esposa (f)	पत्नी (f)	patnī
casado (adj)	शादीशुदा	shādīshuda
casada (adj)	शादीशुदा	shādīshuda
soltero (adj)	अविवाहित	avivāhit
soltero (m)	कुँआरा (m)	kunāra
divorciado (adj)	तलाक़शुदा	talāqashuda
viuda (f)	विधवा (f)	vidhava
viudo (m)	विधुर (m)	vidhur
pariente (m)	रिश्तेदार (m)	rishtedār
pariente (m) cercano	सम्बंधी (m)	sambandhī
pariente (m) lejano	दूर का रिश्तेदार (m)	dūr ka rishtedār
parientes (pl)	रिश्तेदार (m pl)	rishtedār
huérfano (m), huérfana (f)	अनाथ (m)	anāth
tutor (m)	अभिभावक (m)	abhibhāvak
adoptar (un niño)	लड़का गोद लेना	laraka god lena
adoptar (una niña)	लड़की गोद लेना	larakī god lena

60. Los amigos. Los compañeros del trabajo

amigo (m)	दोस्त (m)	dost
amiga (f)	सहेली (f)	sahelī
amistad (f)	दोस्ती (f)	dostī
ser amigo	दोस्त होना	dost hona
amigote (m)	मित्र (m)	mitr
amiguete (m)	सहेली (f)	sahelī
compañero (m)	पार्टनर (m)	pārtanar
jefe (m)	चीफ़ (m)	chīf
superior (m)	अधीक्षक (m)	adhīkshak

subordinado (m)	अधीनस्थ (m)	adhīnasth
colega (m, f)	सहकर्मी (m)	sahakarmī
conocido (m)	परिचित आदमी (m)	parichit ādamī
compañero (m) de viaje	सहगामी (m)	sahagāmī
condiscípulo (m)	सहपाठी (m)	sahapāṭhī
vecino (m)	पड़ोसी (m)	parosī
vecina (f)	पड़ोसन (f)	parosan
vecinos (pl)	पड़ोसी (m pl)	parosī

T&P BOOKS

EL CUERPO. LA MEDICINA

T&P Books Publishing

cabeza (f)	सिर (m)	sir
cara (f)	चेहरा (m)	chehara
nariz (f)	नाक (f)	nāk
boca (f)	मुँह (m)	munh

ojo (m)	आँख (f)	ānkh
ojos (m pl)	आँखें (f)	ānkhen
pupila (f)	आँख की पुतली (f)	ānkh kī putalī
ceja (f)	भौंह (f)	bhaunh
pestaña (f)	बरौनी (f)	baraunī
párpado (m)	पलक (m)	palak

lengua (f)	जीभ (m)	jībh
diente (m)	दाँत (f)	dānt
labios (m pl)	होंठ (m)	honth
pómulos (m pl)	गाल की हड्डी (f)	gāl kī haddī
encía (f)	मसूड़ा (m)	masūra
paladar (m)	तालु (m)	tālu

ventanas (f pl)	नथने (m pl)	nathane
mentón (m)	ठोड़ी (f)	thorī
mandíbula (f)	जबड़ा (m)	jabara
mejilla (f)	गाल (m)	gāl

frente (f)	माथा (m)	mātha
sien (f)	कनपट्टी (f)	kanapattī
oreja (f)	कान (m)	kān
nuca (f)	सिर का पिछला हिस्सा (m)	sir ka pichhala hissa
cuello (m)	गरदन (f)	garadan
garganta (f)	गला (m)	gala

pelo, cabello (m)	बाल (m pl)	bāl
peinado (m)	हेयरस्टाइल (m)	heyarastail
corte (m) de pelo	हेयरकट (m)	heyarakat
peluca (f)	नकली बाल (m)	nakalī bāl

bigote (m)	मूँछें (f pl)	mūnchhen
barba (f)	दाढ़ी (f)	dārhī
tener (~ la barba)	होना	hona
trenza (f)	चोटी (f)	chotī
patillas (f pl)	गलमुच्छा (m)	galamuchchha

| pelirrojo (adj) | लाल बाल | lāl bāl |
| gris, canoso (adj) | सफेद बाल | safed bāl |

calvo (adj)	गंजा	ganja
calva (f)	गंजाई (f)	ganjaī
cola (f) de caballo	पोनी-टेल (f)	ponī-tel
flequillo (m)	बेंग (m)	beng

62. El cuerpo

mano (f)	हाथ (m)	hāth
brazo (m)	बाँह (m)	bānh
dedo (m)	उँगली (m)	ungalī
dedo (m) pulgar	अँगूठा (m)	angūtha
dedo (m) meñique	छोटी उंगली (f)	chhotī ungalī
uña (f)	नाखून (m)	nākhūn
puño (m)	मुट्ठी (m)	mutthī
palma (f)	हथेली (f)	hathelī
muñeca (f)	कलाई (f)	kalaī
antebrazo (m)	प्रकोष्ठ (m)	prakoshth
codo (m)	कोहनी (f)	kohanī
hombro (m)	कंधा (m)	kandha
pierna (f)	टाँग (f)	tāng
planta (f)	पैर का तलवा (m)	pair ka talava
rodilla (f)	घुटना (m)	ghutana
pantorrilla (f)	पिंडली (f)	pindalī
cadera (f)	जाँघ (f)	jāngh
talón (m)	एड़ी (f)	erī
cuerpo (m)	शरीर (m)	sharīr
vientre (m)	पेट (m)	pet
pecho (m)	सीना (m)	sīna
seno (m)	स्तन (f)	stan
lado (m), costado (m)	कूल्हा (m)	kūlha
espalda (f)	पीठ (f)	pīth
zona (f) lumbar	पीठ का निचला हिस्सा (m)	pīth ka nichala hissa
cintura (f), talle (m)	कमर (f)	kamar
ombligo (m)	नाभी (f)	nābhī
nalgas (f pl)	नितंब (m pl)	nitamb
trasero (m)	नितम्ब (m)	nitamb
lunar (m)	सौंदर्य चिन्ह (f)	saundary chinh
marca (f) de nacimiento	जन्म चिह्न (m)	janm chihn
tatuaje (m)	टैटू (m)	taitū
cicatriz (f)	घाव का निशान (m)	ghāv ka nishān

63. Las enfermedades

enfermedad (f)	बीमारी (f)	bīmārī
estar enfermo	बीमार होना	bīmār hona
salud (f)	सेहत (f)	sehat
resfriado (m) (coriza)	नज़ला (m)	nazala
angina (f)	टॉन्सिल (m)	tonsil
resfriado (m)	ज़ुकाम (f)	zukām
resfriarse (vr)	ज़ुकाम हो जाना	zukām ho jāna
bronquitis (f)	ब्रॉन्काइटिस (m)	bronkaitis
pulmonía (f)	निमोनिया (f)	nimoniya
gripe (f)	फ़्लू (m)	flū
miope (adj)	कमबीन	kamabīn
présbita (adj)	कमज़ोर दूरदृष्टि	kamazor dūradrshti
estrabismo (m)	तिरछी नज़र (m)	tirachhī nazar
estrábico (m) (adj)	तिरछी नज़रवाला	tirachhī nazaravāla
catarata (f)	मोतिया बिंद (m)	motiya bind
glaucoma (m)	काला मोतिया (m)	kāla motiya
insulto (m)	स्ट्रोक (m)	strok
ataque (m) cardiaco	दिल का दौरा (m)	dil ka daura
infarto (m) de miocardio	मायोकार्डियल इन्फ़ाक्शन (m)	māyokārdiyal infārkshan
parálisis (f)	लकवा (m)	lakava
paralizar (vt)	लकवा मारना	laqava mārana
alergia (f)	एलर्जी (f)	elarjī
asma (f)	दमा (f)	dama
diabetes (f)	शूगर (f)	shūgar
dolor (m) de muelas	दाँत दर्द (m)	dānt dard
caries (f)	दाँत में कीड़ा (m)	dānt men kīra
diarrea (f)	दस्त (m)	dast
estreñimiento (m)	कब्ज़ (m)	kabz
molestia (f) estomacal	पेट ख़राब (m)	pet kharāb
envenenamiento (m)	ख़राबू खाने से हुई बीमारी (f)	kharāb khāne se huī bīmārī
envenenarse (vr)	ख़राब खाने से बीमार पड़ना	kharāb khāne se bīmār parana
artritis (f)	गठिया (m)	gathiya
raquitismo (m)	बालवक्र (m)	bālavakr
reumatismo (m)	आमवात (m)	āmavāt
ateroesclerosis (f)	धमनीकलाकाठिन्य (m)	dhamanīkalākāthiny
gastritis (f)	जठर-शोथ (m)	jathar-shoth
apendicitis (f)	उण्डुक-शोथ (m)	unduk-shoth

colecistitis (f)	पित्ताशय (m)	pittāshay
úlcera (f)	अल्सर (m)	alsar
sarampión (m)	मीज़ल्स (m)	mīzals
rubeola (f)	जर्मन मीज़ल्स (m)	jarman mīzals
ictericia (f)	पीलिया (m)	pīliya
hepatitis (f)	हेपेटाइटिस (m)	hepetaitis
esquizofrenia (f)	शीज़ोफ्रेनीय (f)	shīzofrenīy
rabia (f) (hidrofobia)	रेबीज़ (m)	rebīz
neurosis (f)	न्यूरोसिस (m)	nyūrosis
conmoción (f) cerebral	आघात (m)	āghāt
cáncer (m)	कर्क रोग (m)	kark rog
esclerosis (f)	काठिन्य (m)	kāthiny
esclerosis (m) múltiple	मल्टीपल स्क्लेरोसिस (m)	maltīpal sklerosis
alcoholismo (m)	शराबीपन (m)	sharābīpan
alcohólico (m)	शराबी (m)	sharābī
sífilis (f)	सीफ़िलिस (m)	sīfilis
SIDA (m)	ऐड्स (m)	aids
tumor (m)	ट्यूमर (m)	tyūmar
maligno (adj)	घातक	ghātak
benigno (adj)	अर्बुद	arbud
fiebre (f)	बुखार (m)	bukhār
malaria (f)	मलेरिया (f)	maleriya
gangrena (f)	गैन्ग्रीन (m)	gaingrīn
mareo (m)	जहाज़ी मतली (f)	jahāzī matalī
epilepsia (f)	मिरगी (f)	miragī
epidemia (f)	महामारी (f)	mahāmārī
tifus (m)	टाइफ़स (m)	taifas
tuberculosis (f)	टीबी (m)	tībī
cólera (f)	हैज़ा (f)	haiza
peste (f)	प्लेग (f)	pleg

64. Los síntomas. Los tratamientos. Unidad 1

síntoma (m)	लक्षण (m)	lakshan
temperatura (f)	तापमान (m)	tāpamān
fiebre (f)	बुखार (f)	bukhār
pulso (m)	नब्ज़ (f)	nabz
mareo (m) (vértigo)	सिर का चक्कर (m)	sir ka chakkar
caliente (adj)	गरम	garam
escalofrío (m)	कंपकंपी (f)	kampakampī
pálido (adj)	पीला	pīla
tos (f)	खाँसी (f)	khānsī

toser (vi)	खाँसना	khānsana
estornudar (vi)	छींकना	chhīnkana
desmayo (m)	बेहोशी (f)	behoshī
desmayarse (vr)	बेहोश होना	behosh hona

moradura (f)	नील (m)	nīl
chichón (m)	गुमड़ा (m)	gumara
golpearse (vr)	चोट लगना	chot lagana
magulladura (f)	चोट (f)	chot
magullarse (vr)	घाव लगना	ghāv lagana

cojear (vi)	लँगड़ाना	langarāna
dislocación (f)	हड्डी खिसकना (f)	haddī khisakana
dislocar (vt)	हड्डी खिसकना	haddī khisakana
fractura (f)	हड्डी टूट जाना (f)	haddī tūt jāna
tener una fractura	हड्डी टूट जाना	haddī tūt jāna

corte (m) (tajo)	कट जाना (m)	kat jāna
cortarse (vr)	खुद को काट लेना	khud ko kāt lena
hemorragia (f)	रक्त-स्राव (m)	rakt-srāv

| quemadura (f) | जला होना | jala hona |
| quemarse (vr) | जल जाना | jal jāna |

pincharse (~ el dedo)	चुभाना	chubhāna
pincharse (vr)	खुद को चुभाना	khud ko chubhāna
herir (vt)	घायल करना	ghāyal karana
herida (f)	चोट (f)	chot
lesión (f) (herida)	घाव (m)	ghāv
trauma (m)	चोट (f)	chot

delirar (vi)	बेहोशी में बड़बड़ाना	behoshī men barabadāna
tartamudear (vi)	हकलाना	hakalāna
insolación (f)	धूप आघात (m)	dhūp āghāt

65. Los síntomas. Los tratamientos. Unidad 2

| dolor (m) | दर्द (f) | dard |
| astilla (f) | चुभ जाना (m) | chubh jāna |

sudor (m)	पसीना (f)	pasīna
sudar (vi)	पसीना निकलना	pasīna nikalana
vómito (m)	वमन (m)	vaman
convulsiones (f pl)	दौरा (m)	daura

embarazada (adj)	गर्भवती	garbhavatī
nacer (vi)	जन्म लेना	janm lena
parto (m)	पैदा करना (m)	paida karana
dar a luz	पैदा करना	paida karana
aborto (m)	गर्भपात (m)	garbhapāt

respiración (f)	साँस (f)	sāns
inspiración (f)	साँस अंदर खींचना (f)	sāns andar khīnchana
espiración (f)	साँस बाहर छोड़ना (f)	sāns bāhar chhorana
espirar (vi)	साँस बाहर छोड़ना (f)	sāns bāhar chhorana
inspirar (vi)	साँस अंदर खींचना	sāns andar khīnchana
inválido (m)	अपाहिज (m)	apāhij
mutilado (m)	लूला (m)	lūla
drogadicto (m)	नशेबाज़ (m)	nashebāz
sordo (adj)	बहरा	bahara
mudo (adj)	गूँगा	gūnga
sordomudo (adj)	बहरा और गूँगा	bahara aur gūnga
loco (adj)	पागल	pāgal
loco (m)	पगला (m)	pagala
loca (f)	पगली (f)	pagalī
volverse loco	पागल हो जाना	pāgal ho jāna
gen (m)	वंशाणु (m)	vanshānu
inmunidad (f)	रोग प्रतिरोधक शक्ति (f)	rog pratirodhak shakti
hereditario (adj)	जन्मजात	janmajāt
de nacimiento (adj)	पैदाइशी	paidaishī
virus (m)	विषाणु (m)	vishānu
microbio (m)	कीटाणु (m)	kītānu
bacteria (f)	जीवाणु (m)	jīvānu
infección (f)	संक्रमण (m)	sankraman

66. Los síntomas. Los tratamientos. Unidad 3

hospital (m)	अस्पताल (m)	aspatāl
paciente (m)	मरीज़ (m)	marīz
diagnosis (f)	रोग-निर्णय (m)	rog-nirnay
cura (f)	इलाज (m)	ilāj
tratamiento (m)	चिकित्सीय उपचार (m)	chikitsīy upachār
curarse (vr)	इलाज कराना	ilāj karāna
tratar (vt)	इलाज करना	ilāj karana
cuidar (a un enfermo)	देखभाल करना	dekhabhāl karana
cuidados (m pl)	देखभाल (f)	dekhabhāl
operación (f)	ऑपरेशन (m)	opareshan
vendar (vt)	पट्टी बाँधना	pattī bāndhana
vendaje (m)	पट्टी (f)	pattī
vacunación (f)	टीका (m)	tīka
vacunar (vt)	टीका लगाना	tīka lagāna
inyección (f)	इंजेक्शन (m)	injekshan
aplicar una inyección	इंजेक्शन लगाना	injekshan lagāna

amputación (f)	अंगविच्छेद (f)	angavichchhed
amputar (vt)	अंगविच्छेद करना	angavichchhed karana
coma (m)	कोमा (m)	koma
estar en coma	कोमा में चले जाना	koma men chale jāna
revitalización (f)	गहन चिकित्सा (f)	gahan chikitsa
recuperarse (vr)	ठीक हो जाना	thīk ho jāna
estado (m) (de salud)	हालत (m)	hālat
consciencia (f)	होश (m)	hosh
memoria (f)	याददाश्त (f)	yādadāsht
extraer (un diente)	दाँत निकालना	dānt nikālana
empaste (m)	भराव (m)	bharāv
empastar (vt)	दाँत को भरना	dānt ko bharana
hipnosis (f)	हिप्नोसिस (m)	hipanosis
hipnotizar (vt)	हिप्नोटाइज़ करना	hipanotaiz karana

67. La medicina. Las drogas. Los accesorios

medicamento (m), droga (f)	दवा (f)	dava
remedio (m)	दवाई (f)	davaī
prescribir (vt)	नुस्ख़ा लिखना	nusakha likhana
receta (f)	नुस्ख़ा (m)	nusakha
tableta (f)	गोली (f)	golī
ungüento (m)	मरहम (m)	maraham
ampolla (f)	एम्प्यूल (m)	empyūl
mixtura (f), mezcla (f)	सिरप (m)	sirap
sirope (m)	शरबत (m)	sharabat
píldora (f)	गोली (f)	golī
polvo (m)	चूरन (m)	chūran
venda (f)	पट्टी (f)	pattī
algodón (m) (discos de ~)	रूई का गोला (m)	rūī ka gola
yodo (m)	आयोडीन (m)	āyodīn
tirita (f), curita (f)	बैंड-एड (m)	baind-ed
pipeta (f)	आई-ड्रॉपर (m)	āī-dropar
termómetro (m)	थरमामीटर (m)	tharamāmītar
jeringa (f)	इंजेक्शन (m)	injekshan
silla (f) de ruedas	व्हीलचेयर (f)	vhīlacheyar
muletas (f pl)	बैसाखी (m pl)	baisākhī
anestésico (m)	दर्द-निवारक (f)	dard-nivārak
purgante (m)	जुलाब की गोली (f)	julāb kī golī
alcohol (m)	स्पिरिट (m)	spirit
hierba (f) medicinal	जड़ी-बूटी (f)	jarī-būtī
de hierbas (té ~)	जड़ी-बूटियों से बना	jarī-būtiyon se bana

EL APARTAMENTO

T&P Books Publishing

68. El apartamento

apartamento (m)	फ़्लैट (f)	flait
habitación (f)	कमरा (m)	kamara
dormitorio (m)	सोने का कमरा (m)	sone ka kamara
comedor (m)	खाने का कमरा (m)	khāne ka kamara
salón (m)	बैठक (f)	baithak
despacho (m)	घरेलू कार्यालय (m)	gharelū kāryālay
antecámara (f)	प्रवेश कक्ष (m)	pravesh kaksh
cuarto (m) de baño	स्नानघर (m)	snānaghar
servicio (m)	शौचालय (m)	shauchālay
techo (m)	छत (f)	chhat
suelo (m)	फ़र्श (m)	farsh
rincón (m)	कोना (m)	kona

69. Los muebles. El interior

muebles (m pl)	फ़र्निचर (m)	farnichar
mesa (f)	मेज़ (f)	mez
silla (f)	कुर्सी (f)	kursī
cama (f)	पलंग (m)	palang
sofá (m)	सोफ़ा (m)	sofa
sillón (m)	हत्थे वाली कुर्सी (f)	hatthe vālī kursī
librería (f)	किताबों की अलमारी (f)	kitābon kī alamārī
estante (m)	शेल्फ़ (f)	shelf
armario (m)	कपड़ों की अलमारी (f)	kaparon kī alamārī
percha (f)	खूँटी (f)	khūntī
perchero (m) de pie	खूँटी (f)	khūntī
cómoda (f)	कपड़ों की अलमारी (f)	kaparon kī alamārī
mesa (f) de café	कॉफ़ी की मेज़ (f)	kofī kī mez
espejo (m)	आईना (m)	āīna
tapiz (m)	कालीन (m)	kālīn
alfombra (f)	दरी (f)	darī
chimenea (f)	चिमनी (f)	chimanī
vela (f)	मोमबत्ती (f)	momabattī
candelero (m)	मोमबत्तीदान (m)	momabattīdān
cortinas (f pl)	परदे (m pl)	parade

| empapelado (m) | वॉल पेपर (m) | vol pepar |
| estor (m) de láminas | जेलुज़ी (f pl) | jeluzī |

lámpara (f) de mesa	मेज़ का लैम्प (m)	mez ka laimp
aplique (m)	दिवार का लैम्प (m)	divār ka laimp
lámpara (f) de pie	फ़र्श का लैम्प (m)	farsh ka laimp
lámpara (f) de araña	झूमर (m)	jhūmar

pata (f) (~ de la mesa)	पाँव (m)	pānv
brazo (m)	कुर्सी का हत्था (m)	kursī ka hattha
espaldar (m)	कुर्सी की पीठ (f)	kursī kī pīth
cajón (m)	दराज़ (m)	darāz

70. Los accesorios de cama

ropa (f) de cama	बिस्तर के कपड़े (m)	bistar ke kapare
almohada (f)	तकिया (m)	takiya
funda (f)	ग़िलाफ़ (m)	gilāf
manta (f)	रज़ाई (f)	razaī
sábana (f)	चादर (f)	chādar
sobrecama (f)	चादर (f)	chādar

71. La cocina

cocina (f)	रसोईघर (m)	rasoïghar
gas (m)	गैस (m)	gais
cocina (f) de gas	गैस का चूल्हा (m)	gais ka chūlha
cocina (f) eléctrica	बिजली का चूल्हा (m)	bijalī ka chūlha
horno (m)	ओवन (m)	ovan
horno (m) microondas	माइक्रोवेव ओवन (m)	maikrovev ovan

frigorífico (m)	फ़्रिज (m)	frij
congelador (m)	फ़्रीज़र (m)	frījar
lavavajillas (m)	डिशवॉशर (m)	dishavoshar

picadora (f) de carne	कीमा बनाने की मशीन (f)	kīma banāne kī mashīn
exprimidor (m)	जूसर (m)	jūsar
tostador (m)	टोस्टर (m)	tostar
batidora (f)	मिक्सर (m)	miksar

cafetera (f) (aparato de cocina)	कॉफ़ी मशीन (f)	kofī mashīn
cafetera (f) (para servir)	कॉफ़ी पॉट (m)	kofī pot
molinillo (m) de café	कॉफ़ी पीसने की मशीन (f)	kofī pīsane kī mashīn

hervidor (m) de agua	केतली (f)	ketalī
tetera (f)	चायदानी (f)	chāyadānī
tapa (f)	ढक्कन (m)	dhakkan

colador (m) de té	छलनी (f)	chhalanī
cuchara (f)	चम्मच (m)	chammach
cucharilla (f)	चम्मच (m)	chammach
cuchara (f) de sopa	चम्मच (m)	chammach
tenedor (m)	काँटा (m)	kānta
cuchillo (m)	छुरी (f)	chhurī

vajilla (f)	बरतन (m)	baratan
plato (m)	तश्तरी (f)	tashtarī
platillo (m)	तश्तरी (f)	tashtarī

vaso (m) de chupito	जाम (m)	jām
vaso (m) (~ de agua)	गिलास (m)	gilās
taza (f)	प्याला (m)	pyāla

azucarera (f)	चीनीदानी (f)	chīnīdānī
salero (m)	नमकदानी (m)	namakadānī
pimentero (m)	मिर्चदानी (f)	mirchadānī
mantequera (f)	मक्खनदानी (f)	makkhanadānī

cacerola (f)	सॉसपैन (m)	sosapain
sartén (f)	फ्राइ पैन (f)	frai pain
cucharón (m)	डोई (f)	doī
colador (m)	कालेन्डर (m)	kālendar
bandeja (f)	थाली (m)	thālī

botella (f)	बोतल (f)	botal
tarro (m) de vidrio	शीशी (f)	shīshī
lata (f)	डिब्बा (m)	dibba

abrebotellas (m)	बोतल ओपनर (m)	botal opanar
abrelatas (m)	ओपनर (m)	opanar
sacacorchos (m)	पेंचकस (m)	penchakas
filtro (m)	फ़िल्टर (m)	filtar
filtrar (vt)	फ़िल्टर करना	filtar karana

| basura (f) | कूड़ा (m) | kūra |
| cubo (m) de basura | कूड़े की बाल्टी (f) | kūre kī bāltī |

72. El baño

cuarto (m) de baño	स्नानघर (m)	snānaghar
agua (f)	पानी (m)	pānī
grifo (m)	नल (m)	nal
agua (f) caliente	गरम पानी (m)	garam pānī
agua (f) fría	ठंडा पानी (m)	thanda pānī

pasta (f) de dientes	टूथपेस्ट (m)	tūthapest
limpiarse los dientes	दाँत ब्रश करना	dānt brash karana
afeitarse (vr)	शेव करना	shev karana

espuma (f) de afeitar	शेविंग फ़ोम (m)	sheving fom
maquinilla (f) de afeitar	रेज़र (f)	rezar
lavar (vt)	धोना	dhona
darse un baño	नहाना	nahāna
ducha (f)	शावर (m)	shāvar
darse una ducha	शावर लेना	shāvar lena
bañera (f)	बाथटब (m)	bāthatab
inodoro (m)	संडास (m)	sandās
lavabo (m)	सिंक (m)	sink
jabón (m)	साबुन (m)	sābun
jabonera (f)	साबुनदानी (f)	sābunadānī
esponja (f)	स्पंज (f)	spanj
champú (m)	शैम्पू (m)	shaimpū
toalla (f)	तौलिया (f)	tauliya
bata (f) de baño	चोगा (m)	choga
colada (f), lavado (m)	धुलाई (f)	dhulaī
lavadora (f)	वाशिंग मशीन (f)	voshing mashīn
lavar la ropa	कपड़े धोना	kapare dhona
detergente (m) en polvo	कपड़े धोने का पाउडर (m)	kapare dhone ka paudar

73. Los aparatos domésticos

televisor (m)	टीवी सेट (m)	tīvī set
magnetófono (m)	टेप रिकार्डर (m)	tep rikārdar
vídeo (m)	वीडियो टेप रिकार्डर (m)	vīdiyo tep rikārdar
radio (m)	रेडियो (m)	rediyo
reproductor (m) (~ MP3)	प्लेयर (m)	pleyar
proyector (m) de vídeo	वीडियो प्रोजेक्टर (m)	vīdiyo projektar
sistema (m) home cinema	होम थीएटर (m)	hom thīetar
reproductor (m) de DVD	डीवीडी प्लेयर (m)	dīvīdī pleyar
amplificador (m)	ध्वनि-विस्तारक (m)	dhvani-vistārak
videoconsola (f)	वीडियो गेम कन्सोल (m)	vīdiyo gem kansol
cámara (f) de vídeo	वीडियो कैमरा (m)	vīdiyo kaimara
cámara (f) fotográfica	कैमरा (m)	kaimara
cámara (f) digital	डीजिटल कैमरा (m)	dījital kaimara
aspirador (m), aspiradora (f)	वैक्यूम क्लीनर (m)	vaikyūm klīnar
plancha (f)	इस्तरी (f)	istarī
tabla (f) de planchar	इस्तरी तख़्ता (m)	istarī takhta
teléfono (m)	टेलीफ़ोन (m)	telīfon
teléfono (m) móvil	मोबाइल फ़ोन (m)	mobail fon
máquina (f) de escribir	टाइपराइटर (m)	taiparaitar

máquina (f) de coser	सिलाई मशीन (f)	silaī mashīn
micrófono (m)	माइक्रोफ़ोन (m)	maikrofon
auriculares (m pl)	हैडफ़ोन (m pl)	hairafon
mando (m) a distancia	रिमोट (m)	rimot
CD (m)	सीडी (m)	sīdī
casete (m)	कैसेट (f)	kaiset
disco (m) de vinilo	रिकार्ड (m)	rikārd

LA TIERRA. EL TIEMPO

T&P Books Publishing

cosmos (m)	अंतरिक्ष (m)	antariksh
espacial, cósmico (adj)	अंतरिक्षीय	antarikshīy
espacio (m) cósmico	अंतरिक्ष (m)	antariksh
mundo (m), universo (m)	ब्रह्माण्ड (m)	brahmānd
galaxia (f)	आकाशगंगा (f)	ākāshaganga
estrella (f)	सितारा (m)	sitāra
constelación (f)	नक्षत्र (m)	nakshatr
planeta (m)	ग्रह (m)	grah
satélite (m)	उपग्रह (m)	upagrah
meteorito (m)	उल्का पिंड (m)	ulka pind
cometa (m)	पुच्छल तारा (m)	puchchhal tāra
asteroide (m)	ग्रहिका (f)	grahika
órbita (f)	ग्रहपथ (m)	grahapath
girar (vi)	चक्कर लगना	chakkar lagana
atmósfera (f)	वातावरण (m)	vātāvaran
Sol (m)	सूरज (m)	sūraj
sistema (m) solar	सौर प्रणाली (f)	saur pranālī
eclipse (m) de Sol	सूर्य ग्रहण (m)	sūry grahan
Tierra (f)	पृथ्वी (f)	prthvī
Luna (f)	चांद (m)	chānd
Marte (m)	मंगल (m)	mangal
Venus (f)	शुक्र (m)	shukr
Júpiter (m)	बृहस्पति (m)	brhaspati
Saturno (m)	शनि (m)	shani
Mercurio (m)	बुध (m)	budh
Urano (m)	अरुण (m)	arun
Neptuno (m)	वरुण (m)	varūn
Plutón (m)	प्लूटो (m)	plūto
la Vía Láctea	आकाश गंगा (f)	ākāsh ganga
la Osa Mayor	सप्तर्षिमंडल (m)	saptarshimandal
la Estrella Polar	ध्रुव तारा (m)	dhruv tāra
marciano (m)	मंगल ग्रह का निवासी (m)	mangal grah ka nivāsī
extraterrestre (m)	अन्य नक्षत्र का निवासी (m)	any nakshatr ka nivāsī
planetícola (m)	अन्य नक्षत्र का निवासी (m)	any nakshatr ka nivāsī

platillo (m) volante	उड़न तश्तरी (f)	uran tashtarī
nave (f) espacial	अंतरिक्ष विमान (m)	antariksh vimān
estación (f) orbital	अंतरिक्ष अड्डा (m)	antariksh adda
despegue (m)	चालू करना (m)	chālū karana
motor (m)	इंजन (m)	injan
tobera (f)	नोज़ल (m)	nozal
combustible (m)	ईंधन (m)	īndhan
carlinga (f)	केबिन (m)	kebin
antena (f)	एरियल (m)	eriyal
ventana (f)	विमान गवाक्ष (m)	vimān gavāksh
batería (f) solar	सौर पेनल (m)	saur penal
escafandra (f)	अंतरिक्ष पोशाक (m)	antariksh poshāk
ingravidez (f)	भारहीनता (m)	bhārahīnata
oxígeno (m)	आक्सीजन (m)	āksījan
atraque (m)	डॉकिंग (f)	doking
realizar el atraque	डॉकिंग करना	doking karana
observatorio (m)	वेधशाला (m)	vedhashāla
telescopio (m)	दूरबीन (f)	dūrabīn
observar (vt)	देखना	dekhana
explorar (~ el universo)	जाँचना	jānchana

75. La tierra

Tierra (f)	पृथ्वी (f)	prthvī
globo (m) terrestre	गोला (m)	gola
planeta (m)	ग्रह (m)	grah
atmósfera (f)	वातावरण (m)	vātāvaran
geografía (f)	भूगोल (m)	bhūgol
naturaleza (f)	प्रकृति (f)	prakrti
globo (m) terráqueo	गोलक (m)	golak
mapa (m)	नक्शा (m)	naksha
atlas (m)	मानचित्रावली (f)	mānachitrāvalī
Europa (f)	यूरोप (m)	yūrop
Asia (f)	एशिया (f)	eshiya
África (f)	अफ्रीका (m)	afrīka
Australia (f)	ऑस्ट्रेलिया (m)	ostreliya
América (f)	अमेरिका (f)	amerika
América (f) del Norte	उत्तरी अमेरिका (f)	uttarī amerika
América (f) del Sur	दक्षिणी अमेरिका (f)	dakshinī amerika
Antártida (f)	अंटार्कटिक (m)	antārkatik
Ártico (m)	आर्कटिक (m)	ārkatik

76. Los puntos cardinales

norte (m)	उत्तर (m)	uttar
al norte	उत्तर की ओर	uttar kī or
en el norte	उत्तर में	uttar men
del norte (adj)	उत्तरी	uttarī
sur (m)	दक्षिण (m)	dakshin
al sur	दक्षिण की ओर	dakshin kī or
en el sur	दक्षिण में	dakshin men
del sur (adj)	दक्षिणी	dakshinī
oeste (m)	पश्चिम (m)	pashchim
al oeste	पश्चिम की ओर	pashchim kī or
en el oeste	पश्चिम में	pashchim men
del oeste (adj)	पश्चिमी	pashchimī
este (m)	पूर्व (m)	pūrv
al este	पूर्व की ओर	pūrv kī or
en el este	पूर्व में	pūrv men
del este (adj)	पूर्वी	pūrvī

77. El mar. El océano

mar (m)	सागर (m)	sāgar
océano (m)	महासागर (m)	mahāsāgar
golfo (m)	खाड़ी (f)	khārī
estrecho (m)	जलग्रीवा (m)	jalagrīva
continente (m)	महाद्वीप (m)	mahādvīp
isla (f)	द्वीप (m)	dvīp
península (f)	प्रायद्वीप (m)	prāyadvīp
archipiélago (m)	द्वीप समूह (m)	dvīp samūh
bahía (f)	तट-खाड़ी (f)	tat-khārī
ensenada, bahía (f)	बंदरगाह (m)	bandaragāh
laguna (f)	लैगून (m)	laigūn
cabo (m)	अंतरीप (m)	antarīp
atolón (m)	एटोल (m)	etol
arrecife (m)	रीफ़ (m)	rīf
coral (m)	प्रवाल (m)	pravāl
arrecife (m) de coral	प्रवाल रीफ़ (m)	pravāl rīf
profundo (adj)	गहरा	gahara
profundidad (f)	गहराई (f)	gaharaī
abismo (m)	रसातल (m)	rasātal
fosa (f) oceánica	गढ़ा (m)	garha
corriente (f)	धारा (f)	dhāra

bañar (rodear)	घिरा होना	ghira hona
orilla (f)	किनारा (m)	kināra
costa (f)	तटबंध (m)	tatabandh
flujo (m)	ज्वार (m)	jvār
reflujo (m)	भाटा (m)	bhāta
banco (m) de arena	रेती (m)	retī
fondo (m)	तला (m)	tala
ola (f)	तरंग (f)	tarang
cresta (f) de la ola	तरंग शिखर (f)	tarang shikhar
espuma (f)	झाग (m)	jhāg
huracán (m)	तूफ़ान (m)	tufān
tsunami (m)	सुनामी (f)	sunāmī
bonanza (f)	शांत (m)	shānt
calmo, tranquilo	शांत	shānt
polo (m)	ध्रुव (m)	dhruv
polar (adj)	ध्रुवीय	dhruvīy
latitud (f)	अक्षांश (m)	akshānsh
longitud (f)	देशान्तर (m)	deshāntar
paralelo (m)	समांतर-रेखा (f)	samāntar-rekha
ecuador (m)	भूमध्य रेखा (f)	bhūmadhy rekha
cielo (m)	आकाश (f)	ākāsh
horizonte (m)	क्षितिज (m)	kshitij
aire (m)	हवा (f)	hava
faro (m)	प्रकाशस्तंभ (m)	prakāshastambh
bucear (vi)	गोता मारना	gota mārana
hundirse (vr)	डूब जाना	dūb jāna
tesoros (m pl)	खज़ाना (m)	khazāna

78. Los nombres de los mares y los océanos

océano (m) Atlántico	अटलांटिक महासागर (m)	atalāntik mahāsāgar
océano (m) Índico	हिन्द महासागर (m)	hind mahāsāgar
océano (m) Pacífico	प्रशांत महासागर (m)	prashānt mahāsāgar
océano (m) Glacial Ártico	उत्तरी ध्रुव महासागर (m)	uttarī dhuv mahāsāgar
mar (m) Negro	काला सागर (m)	kāla sāgar
mar (m) Rojo	लाल सागर (m)	lāl sāgar
mar (m) Amarillo	पीला सागर (m)	pīla sāgar
mar (m) Blanco	सफ़ेद सागर (m)	safed sāgar
mar (m) Caspio	कैस्पियन सागर (m)	kaispiyan sāgar
mar (m) Muerto	मृत सागर (m)	mrt sāgar
mar (m) Mediterráneo	भूमध्य सागर (m)	bhūmadhy sāgar

mar (m) Egeo	ईजियन सागर (m)	ījiyan sāgar
mar (m) Adriático	एड्रिएटिक सागर (m)	edrietik sāgar
mar (m) Arábigo	अरब सागर (m)	arab sāgar
mar (m) del Japón	जापान सागर (m)	jāpān sāgar
mar (m) de Bering	बेरिंग सागर (m)	bering sāgar
mar (m) de la China Meridional	दक्षिण चीन सागर (m)	dakshin chīn sāgar
mar (m) del Coral	कोरल सागर (m)	koral sāgar
mar (m) de Tasmania	तस्मान सागर (m)	tasmān sāgar
mar (m) Caribe	करिबियन सागर (m)	karibiyan sāgar
mar (m) de Barents	बैरेंट्स सागर (m)	bairents sāgar
mar (m) de Kara	काड़ा सागर (m)	kāra sāgar
mar (m) del Norte	उत्तर सागर (m)	uttar sāgar
mar (m) Báltico	बाल्टिक सागर (m)	bāltik sāgar
mar (m) de Noruega	नार्वे सागर (m)	nārve sāgar

79. Las montañas

montaña (f)	पहाड़ (m)	pahār
cadena (f) de montañas	पर्वत माला (f)	parvat māla
cresta (f) de montañas	पहाड़ों का सिलसिला (m)	pahāron ka silasila
cima (f)	चोटी (f)	chotī
pico (m)	शिखर (m)	shikhar
pie (m)	तलहटी (f)	talahatī
cuesta (f)	ढलान (f)	dhalān
volcán (m)	ज्वालामुखी (m)	jvālāmukhī
volcán (m) activo	सक्रिय ज्वालामुखी (m)	sakriy jvālāmukhī
volcán (m) apagado	निष्क्रिय ज्वालामुखी (m)	nishkriy jvālāmukhī
erupción (f)	विस्फोटन (m)	visfotan
cráter (m)	ज्वालामुखी का मुख (m)	jvālāmukhī ka mukh
magma (m)	मैग्मा (m)	maigma
lava (f)	लावा (m)	lāva
fundido (lava ~a)	पिघला हुआ	pighala hua
cañón (m)	घाटी (m)	ghātī
desfiladero (m)	तंग घाटी (f)	tang ghātī
grieta (f)	दरार (m)	darār
puerto (m) (paso)	मार्ग (m)	mārg
meseta (f)	पठार (m)	pathār
roca (f)	शिला (m)	shila
colina (f)	टीला (m)	tīla
glaciar (m)	हिमनद (m)	himanad

cascada (f)	झरना (m)	jharana
geiser (m)	उष्ण जल स्रोत (m)	ushn jal srot
lago (m)	तालाब (m)	tālāb
llanura (f)	समतल प्रदेश (m)	samatal pradesh
paisaje (m)	परिदृश्य (m)	paridrshy
eco (m)	गूँज (f)	gūnj
alpinista (m)	पर्वतारोही (m)	parvatārohī
escalador (m)	पर्वतारोही (m)	parvatārohī
conquistar (vt)	चोटी पर पहुँचना	chotī par pahunchana
ascensión (f)	चढ़ाव (m)	charhāv

80. Los nombres de las montañas

Alpes (m pl)	आल्पस (m)	ālpas
Montblanc (m)	मोन्ट ब्लैंक (m)	mont blaink
Pirineos (m pl)	पाइरीनीज़ (f pl)	pairīnīz
Cárpatos (m pl)	कार्पाथियेन्स (m)	kārpāthiyens
Urales (m pl)	यूरल (m)	yūral
Cáucaso (m)	कोकेशिया के पहाड़ (m)	kokeshiya ke pahār
Elbrus (m)	एल्ब्रस पर्वत (m)	elbras parvat
Altai (m)	अल्टाई पर्वत (m)	altaī parvat
Tian-Shan (m)	तियान शान (m)	tiyān shān
Pamir (m)	पामीर पर्वत (m)	pāmīr parvat
Himalayos (m pl)	हिमालय (m)	himālay
Everest (m)	माउंट एवरेस्ट (m)	maunt evarest
Andes (m pl)	एंडीज़ (f pl)	endīz
Kilimanjaro (m)	किलीमन्जारो (m)	kilīmanjāro

81. Los ríos

río (m)	नदी (f)	nadī
manantial (m)	झरना (m)	jharana
lecho (m) (curso de agua)	नदी तल (m)	nadī tal
cuenca (f) fluvial	बेसिन (m)	besin
desembocar en ...	गिरना	girana
afluente (m)	उपनदी (f)	upanadī
ribera (f)	तट (m)	tat
corriente (f)	धारा (f)	dhāra
río abajo (adv)	बहाव के साथ	bahāv ke sāth
río arriba (adv)	बहाव के विरुद्ध	bahāv ke virūddh
inundación (f)	बाढ़ (f)	bārh

riada (f)	बाढ़ (f)	bārh
desbordarse (vr)	उमड़ना	umarana
inundar (vt)	पानी से भरना	pānī se bharana
bajo (m) arenoso	छिछला पानी (m)	chhichhala pānī
rápido (m)	तेज़ उतार (m)	tez utār
presa (f)	बांध (m)	bāndh
canal (m)	नहर (f)	nahar
lago (m) artificiale	जलाशय (m)	jalāshay
esclusa (f)	स्लूस (m)	slūs
cuerpo (m) de agua	जल स्रोत (m)	jal srot
pantano (m)	दलदल (f)	daladal
ciénaga (f)	दलदल (f)	daladal
remolino (m)	भंवर (m)	bhanvar
arroyo (m)	झरना (m)	jharana
potable (adj)	पीने का	pīne ka
dulce (agua ~)	ताज़ा	tāza
hielo (m)	बर्फ़ (m)	barf
helarse (el lago, etc.)	जम जाना	jam jāna

82. Los nombres de los ríos

Sena (m)	सीन (f)	sīn
Loira (m)	लॉयर (f)	loyar
Támesis (m)	थेम्स (f)	thems
Rin (m)	राइन (f)	rain
Danubio (m)	डेन्यूब (f)	denyūb
Volga (m)	वोल्गा (f)	volga
Don (m)	डॉन (f)	don
Lena (m)	लेना (f)	lena
Río (m) Amarillo	ह्वांग हे (f)	hvāng he
Río (m) Azul	यांग्त्ज़ी (f)	yāngtzī
Mekong (m)	मेकांग (f)	mekāng
Ganges (m)	गंगा (f)	ganga
Nilo (m)	नील (f)	nīl
Congo (m)	कांगो (f)	kāngo
Okavango (m)	ओकावान्गो (f)	okāvāngo
Zambeze (m)	ज़म्बेज़ी (f)	zambezī
Limpopo (m)	लिम्पोपो (f)	limpopo
Misisipi (m)	मिसिसिपी (f)	misisipī

83. El bosque

bosque (m)	जंगल (m)	jangal
de bosque (adj)	जंगली	jangalī
espesura (f)	घना जंगल (m)	ghana jangal
bosquecillo (m)	उपवान (m)	upavān
claro (m)	खुला छोटा मैदान (m)	khula chhota maidān
maleza (f)	झाड़ियाँ (f pl)	jhāriyān
matorral (m)	झाड़ियों भरा मैदान (m)	jhāriyon bhara maidān
senda (f)	फुटपाथ (m)	futapāth
barranco (m)	नाली (f)	nālī
árbol (m)	पेड़ (m)	per
hoja (f)	पत्ता (m)	patta
follaje (m)	पत्तियां (f)	pattiyān
caída (f) de hojas	पतझड़ (m)	patajhar
caer (las hojas)	गिरना	girana
cima (f)	शिखर (m)	shikhar
rama (f)	टहनी (f)	tahanī
rama (f) (gruesa)	शाखा (f)	shākha
brote (m)	कलिका (f)	kalika
aguja (f)	सुई (f)	suī
piña (f)	शंकुफल (m)	shankufal
agujero (m)	खोखला (m)	khokhala
nido (m)	घोंसला (m)	ghonsala
tronco (m)	तना (m)	tana
raíz (f)	जड़ (f)	jar
corteza (f)	छाल (f)	chhāl
musgo (m)	काई (f)	kaī
extirpar (vt)	उखाड़ना	ukhārana
talar (vt)	काटना	kātana
deforestar (vt)	जंगल काटना	jangal kātana
tocón (m)	ठूंठ (m)	thūnth
hoguera (f)	अलाव (m)	alāv
incendio (m) forestal	जंगल की आग (f)	jangal kī āg
apagar (~ el incendio)	आग बुझाना	āg bujhāna
guarda (m) forestal	वनरक्षक (m)	vanarakshak
protección (f)	रक्षा (f)	raksha
proteger (vt)	रक्षा करना	raksha karana
cazador (m) furtivo	चोर शिकारी (m)	chor shikārī
cepo (m)	फंदा (m)	fanda

| recoger (setas, bayas) | बटोरना | batorana |
| perderse (vr) | रास्ता भूलना | rāsta bhūlana |

84. Los recursos naturales

recursos (m pl) naturales	प्राकृतिक संसाधन (m pl)	prākrtik sansādhan
recursos (m pl) subterráneos	खनिज पदार्थ (m pl)	khanij padārth
depósitos (m pl)	तह (f pl)	tah
yacimiento (m)	क्षेत्र (m)	kshetr

extraer (vt)	खोदना	khodana
extracción (f)	खनिकर्म (m)	khanikarm
mena (f)	अयस्क (m)	ayask
mina (f)	खान (f)	khān
pozo (m) de mina	शैफ़ट (m)	shaifat
minero (m)	खनिक (m)	khanik

gas (m)	गैस (m)	gais
gasoducto (m)	गैस पाइप लाइन (m)	gais paip lain
petróleo (m)	पेट्रोल (m)	petrol
oleoducto (m)	तेल पाइप लाइन (m)	tel paip lain
pozo (m) de petróleo	तेल का कुँआ (m)	tel ka kuna
torre (f) de sondeo	डेरिक (m)	derik
petrolero (m)	टैंकर (m)	tainkar

arena (f)	रेत (m)	ret
caliza (f)	चूना पत्थर (m)	chūna patthar
grava (f)	बजरी (f)	bajarī
turba (f)	पीट (m)	pīt
arcilla (f)	मिट्टी (f)	mittī
carbón (m)	कोयला (m)	koyala

hierro (m)	लोहा (m)	loha
oro (m)	सोना (m)	sona
plata (f)	चाँदी (f)	chāndī

| níquel (m) | गिलट (m) | gilat |
| cobre (m) | ताँबा (m) | tānba |

| zinc (m) | जस्ता (m) | jasta |
| manganeso (m) | अयस (m) | ayas |

| mercurio (m) | पारा (f) | pāra |
| plomo (m) | सीसा (f) | sīsa |

mineral (m)	खनिज (m)	khanij
cristal (m)	क्रिस्टल (m)	kristal
mármol (m)	संगमरमर (m)	sangamaramar
uranio (m)	यूरेनियम (m)	yūreniyam

85. El tiempo

tiempo (m)	मौसम (m)	mausam
previsión (f) del tiempo	मौसम का पूर्वानुमान (m)	mausam ka pūrvānumān
temperatura (f)	तापमान (m)	tāpamān
termómetro (m)	थर्मामीटर (m)	tharmāmītar
barómetro (m)	बैरोमीटर (m)	bairomītar
humedad (f)	नमी (f)	namī
bochorno (m)	गरमी (f)	garamī
tórrido (adj)	गरम	garam
hace mucho calor	गरमी है	garamī hai
hace calor (templado)	गरम है	garam hai
templado (adj)	गरम	garam
hace frío	ठंडक है	thandak hai
frío (adj)	ठंडा	thanda
sol (m)	सूरज (m)	sūraj
brillar (vi)	चमकना	chamakana
soleado (un día ~)	धूपदार	dhūpadār
elevarse (el sol)	उगना	ugana
ponerse (vr)	डूबना	dūbana
nube (f)	बादल (m)	bādal
nuboso (adj)	मेघाच्छादित	meghāchchhādit
nubarrón (m)	घना बादल (m)	ghana bādal
nublado (adj)	बदली	badalī
lluvia (f)	बारिश (f)	bārish
está lloviendo	बारिश हो रही है	bārish ho rahī hai
lluvioso (adj)	बरसाती	barasātī
lloviznar (vi)	बूंदाबांदी होना	būndābāndī hona
aguacero (m)	मूसलधार बारिश (f)	mūsaladhār bārish
chaparrón (m)	मूसलधार बारिश (f)	mūsaladhār bārish
fuerte (la lluvia ~)	भारी	bhārī
charco (m)	पोखर (m)	pokhar
mojarse (vr)	भीगना	bhīgana
niebla (f)	कुहरा (m)	kuhara
nebuloso (adj)	कुहरेदार	kuharedār
nieve (f)	बर्फ़ (f)	barf
está nevando	बर्फ़ पड़ रही है	barf par rahī hai

86. Los eventos climáticos severos. Los desastres naturales

tormenta (f)	गरजवाला तुफान (m)	garajavāla tufān
relámpago (m)	बिजली (m)	bijalī

relampaguear (vi)	चमकना	chamakana
trueno (m)	गरज (m)	garaj
tronar (vi)	बादल गरजना	bādal garajana
está tronando	बादल गरज रहा है	bādal garaj raha hai

| granizo (m) | ओला (m) | ola |
| está granizando | ओले पड़ रहे हैं | ole par rahe hain |

| inundar (vt) | बाढ़ आ जाना | bārh ā jāna |
| inundación (f) | बाढ़ (f) | bārh |

terremoto (m)	भूकंप (m)	bhūkamp
sacudida (f)	झटका (m)	jhataka
epicentro (m)	अधिकेंद्र (m)	adhikendr

| erupción (f) | उद्गार (m) | udgār |
| lava (f) | लावा (m) | lāva |

torbellino (m)	बवंडर (m)	bavandar
tornado (m)	टोर्नेडो (m)	tornedo
tifón (m)	रतूफ़ान (m)	ratūfān

huracán (m)	समुद्री तूफ़ान (m)	samudrī tūfān
tempestad (f)	तुफ़ान (m)	tufān
tsunami (m)	सुनामी (f)	sunāmī

ciclón (m)	चक्रवात (m)	chakravāt
mal tiempo (m)	ख़राब मौसम (m)	kharāb mausam
incendio (m)	आग (f)	āg
catástrofe (f)	प्रलय (m)	pralay
meteorito (m)	उल्का पिंड (m)	ulka pind

avalancha (f)	हिमस्खलन (m)	himaskhalan
alud (m) de nieve	हिमस्खलन (m)	himaskhalan
ventisca (f)	बर्फ़ का तुफ़ान (m)	barf ka tufān
nevasca (f)	बर्फ़ीला तुफ़ान (m)	barfila tufān

LA FAUNA

T&P Books Publishing

87. Los mamíferos. Los predadores

carnívoro (m)	परभक्षी (m)	parabhakshī
tigre (m)	बाघ (m)	bāgh
león (m)	शेर (m)	sher
lobo (m)	भेड़िया (m)	bheriya
zorro (m)	लोमड़ी (f)	lomri
jaguar (m)	जागुआर (m)	jāguār
leopardo (m)	तेंदुआ (m)	tendua
guepardo (m)	चीता (m)	chīta
pantera (f)	काला तेंदुआ (m)	kāla tendua
puma (f)	पहाड़ी बिलाव (m)	pahādī bilāv
leopardo (m) de las nieves	हिम तेंदुआ (m)	him tendua
lince (m)	वन बिलाव (m)	van bilāv
coyote (m)	कोयोट (m)	koyot
chacal (m)	गीदड़ (m)	gīdar
hiena (f)	लकड़बग्घा (m)	lakarabaggha

88. Los animales salvajes

animal (m)	जानवर (m)	jānavar
bestia (f)	जानवर (m)	jānavar
ardilla (f)	गिलहरी (f)	gilaharī
erizo (m)	कांटा-चूहा (m)	kānta-chūha
liebre (f)	खरगोश (m)	kharagosh
conejo (m)	खरगोश (m)	kharagosh
tejón (m)	बिज्जू (m)	bijjū
mapache (m)	रैकून (m)	raikūn
hámster (m)	हैम्स्टर (m)	haimstar
marmota (f)	मारमोट (m)	māramot
topo (m)	छछूंदर (m)	chhachhūndar
ratón (m)	चूहा (m)	chūha
rata (f)	घूस (m)	ghūs
murciélago (m)	चमगादड़ (m)	chamagādar
armiño (m)	नेवला (m)	nevala
cebellina (f)	सेबल (m)	sebal
marta (f)	मारटेन (m)	māraten

| comadreja (f) | नेवला (m) | nevala |
| visón (m) | मिंक (m) | mink |

| castor (m) | ऊदबिलाव (m) | ūdabilāv |
| nutria (f) | ऊदबिलाव (m) | ūdabilāv |

caballo (m)	घोड़ा (m)	ghora
alce (m)	मूस (m)	mūs
ciervo (m)	हिरण (m)	hiran
camello (m)	ऊंट (m)	ūnt

bisonte (m)	बाइसन (m)	baisan
uro (m)	जंगली बैल (m)	jangalī bail
búfalo (m)	भैंस (m)	bhains

cebra (f)	ज़ेबरा (m)	zebara
antílope (m)	मृग (f)	mrg
corzo (m)	मृग्नी (f)	mrgnī
gamo (m)	चीतल (m)	chītal
gamuza (f)	शैमी (f)	shaimī
jabalí (m)	जंगली सुआर (m)	jangalī suār

ballena (f)	ह्वेल (f)	hvel
foca (f)	सील (m)	sīl
morsa (f)	वॉलरस (m)	volaras
oso (m) marino	फर सील (f)	far sīl
delfín (m)	डॉल्फ़िन (f)	dolafin

oso (m)	रीछ (m)	rīchh
oso (m) blanco	सफ़ेद रीछ (m)	safed rīchh
panda (f)	पांडा (m)	pānda

mono (m)	बंदर (m)	bandar
chimpancé (m)	वनमानुष (m)	vanamānush
orangután (m)	वनमानुष (m)	vanamānush
gorila (m)	गोरिला (m)	gorila
macaco (m)	अफ़्रीकिन लंगूर (m)	afrikan langūr
gibón (m)	गिब्बन (m)	gibban

| elefante (m) | हाथी (m) | hāthī |
| rinoceronte (m) | गैंडा (m) | gainda |

| jirafa (f) | जिराफ़ (m) | jirāf |
| hipopótamo (m) | दरियाई घोड़ा (m) | dariyaī ghora |

| canguro (m) | कंगारू (m) | kangārū |
| koala (f) | कोआला (m) | koāla |

mangosta (f)	नेवला (m)	nevala
chinchilla (f)	चिनचीला (f)	chinachīla
mofeta (f)	स्कंक (m)	skank
espín (m)	शल्यक (f)	shalyak

89. Los animales domésticos

gata (f)	बिल्ली (f)	billī
gato (m)	बिल्ला (m)	billa
perro (m)	कुता (m)	kutta
caballo (m)	घोड़ा (m)	ghora
garañón (m)	घोड़ा (m)	ghora
yegua (f)	घोड़ी (f)	ghorī
vaca (f)	गाय (f)	gāy
toro (m)	बैल (m)	bail
buey (m)	बैल (m)	bail
oveja (f)	भेड़ (f)	bher
carnero (m)	भेड़ा (m)	bhera
cabra (f)	बकरी (f)	bakarī
cabrón (m)	बकरा (m)	bakara
asno (m)	गधा (m)	gadha
mulo (m)	खच्चर (m)	khachchar
cerdo (m)	सुअर (m)	suar
cerdito (m)	घेंटा (m)	ghenta
conejo (m)	खरगोश (m)	kharagosh
gallina (f)	मुर्गी (f)	murgī
gallo (m)	मुर्गा (m)	murga
pato (m)	बतख़ (f)	battakh
ánade (m)	नर बतख़ (m)	nar battakh
ganso (m)	हंस (m)	hans
pavo (m)	नर टर्की (m)	nar tarkī
pava (f)	टर्की (f)	tarkī
animales (m pl) domésticos	घरेलू पशु (m pl)	gharelū pashu
domesticado (adj)	पालतू	pālatū
domesticar (vt)	पालतू बनाना	pālatū banāna
criar (vt)	पालना	pālana
granja (f)	खेत (m)	khet
aves (f pl) de corral	मुर्गी पालन (f)	murgī pālan
ganado (m)	मवेशी (m)	maveshī
rebaño (m)	पशु समूह (m)	pashu samūh
caballeriza (f)	अस्तबल (m)	astabal
porqueriza (f)	सूअरखाना (m)	sūarakhāna
vaquería (f)	गोशाला (f)	goshāla
conejal (m)	खरगोश का दरबा (m)	kharagosh ka daraba
gallinero (m)	मुर्गीखाना (m)	murgīkhāna

90. Los pájaros

pájaro (m)	चिड़िया (f)	chiriya
paloma (f)	कबूतर (m)	kabūtar
gorrión (m)	गौरैया (f)	gauraiya
carbonero (m)	टिटरी (f)	titarī
urraca (f)	नीलकण्ठ पक्षी (f)	nīlakanth pakshī
cuervo (m)	काला कौआ (m)	kāla kaua
corneja (f)	कौआ (m)	kaua
chova (f)	कौआ (m)	kaua
grajo (m)	कौआ (m)	kaua
pato (m)	बतख़ (f)	battakh
ganso (m)	हंस (m)	hans
faisán (m)	तीतर (m)	tītar
águila (f)	चील (f)	chīl
azor (m)	बाज़ (m)	bāz
halcón (m)	बाज़ (m)	bāz
buitre (m)	गिद्ध (m)	giddh
cóndor (m)	कॉन्डोर (m)	kondor
cisne (m)	राजहंस (m)	rājahans
grulla (f)	सारस (m)	sāras
cigüeña (f)	लकलक (m)	lakalak
loro (m), papagayo (m)	तोता (m)	tota
colibrí (m)	हमिंग बर्ड (f)	haming bard
pavo (m) real	मोर (m)	mor
avestruz (m)	शुतुरमुर्ग (m)	shuturamurg
garza (f)	बगुला (m)	bagula
flamenco (m)	फ़्लेमिन्गो (m)	flemingo
pelícano (m)	हवासिल (m)	havāsil
ruiseñor (m)	बुलबुल (m)	bulabul
golondrina (f)	अबाबील (f)	abābīl
tordo (m)	मुखव्रण (f)	mukhavran
zorzal (m)	मुखव्रण (f)	mukhavran
mirlo (m)	ब्लैकबर्ड (m)	blaikabard
vencejo (m)	बतासी (f)	batāsī
alondra (f)	भरत (m)	bharat
codorniz (f)	वर्तक (m)	varttak
pájaro carpintero (m)	कठफोड़ा (m)	kathafora
cuco (m)	कोयल (f)	koyal
lechuza (f)	उल्लू (m)	ullū
búho (m)	गरूड़ उल्लू (m)	garūr ullū

urogallo (m)	तीतर (m)	tītar
gallo lira (m)	काला तीतर (m)	kāla tītar
perdiz (f)	चकोर (m)	chakor

estornino (m)	तिलिया (f)	tiliya
canario (m)	कनारी (f)	kanārī
ortega (f)	पिंगल तीतर (m)	pingal tītar
pinzón (m)	फ़िंच (m)	finch
camachuelo (m)	बुलफ़िंच (m)	bulafinch

gaviota (f)	गंगा-चिल्ली (f)	ganga-chillī
albatros (m)	अल्बात्रोस (m)	albātros
pingüino (m)	पेंगुइन (m)	penguin

91. Los peces. Los animales marinos

brema (f)	ब्रीम (f)	brīm
carpa (f)	कार्प (f)	kārp
perca (f)	पर्च (f)	parch
siluro (m)	कैटफ़िश (f)	kaitafish
lucio (m)	पाइक (f)	paik

| salmón (m) | सैल्मन (f) | sailman |
| esturión (m) | स्टर्जन (f) | starjan |

arenque (m)	हेरिंग (f)	hering
salmón (m) del Atlántico	अटलांटिक सैल्मन (f)	atalāntik sailman
caballa (f)	माक्रैल (f)	mākrail
lenguado (m)	फ़्लैटफ़िश (f)	flaitafish

lucioperca (f)	पाइक पर्च (f)	paik parch
bacalao (m)	कॉड (f)	kod
atún (m)	टूना (f)	tūna
trucha (f)	ट्राउट (f)	traut

anguila (f)	सर्पमीन (f)	sarpamīn
raya (f) eléctrica	विद्युत शंकुश (f)	vidyut shankush
morena (f)	मोरे सर्पमीन (f)	more sarpamīn
piraña (f)	पिरान्हा (f)	pirānha

tiburón (m)	शार्क (f)	shārk
delfín (m)	डॉलफ़िन (f)	dolafin
ballena (f)	ह्वेल (f)	hvel

centolla (f)	केकड़ा (m)	kekara
medusa (f)	जेली फ़िश (f)	jelī fish
pulpo (m)	आक्टोपस (m)	āktopas

| estrella (f) de mar | स्टार फ़िश (f) | stār fish |
| erizo (m) de mar | जलसाही (f) | jalasāhī |

caballito (m) de mar	समुद्री घोड़ा (m)	samudrī ghora
ostra (f)	कस्तूरा (m)	kastūra
camarón (m)	झींगा (f)	jhīnga
bogavante (m)	लॉब्सटर (m)	lobsatar
langosta (f)	स्पाइनी लॉब्सटर (m)	spainī lobsatar

92. Los anfibios. Los reptiles

serpiente (f)	सर्प (m)	sarp
venenoso (adj)	विषैला	vishaila
víbora (f)	वाइपर (m)	vaipar
cobra (f)	नाग (m)	nāg
pitón (m)	अजगर (m)	ajagar
boa (f)	अजगर (m)	ajagar
culebra (f)	साँप (f)	sānp
serpiente (m) de cascabel	रैटल सर्प (m)	raital sarp
anaconda (f)	एनाकोन्डा (f)	enākonda
lagarto (m)	छिपकली (f)	chhipakalī
iguana (f)	इग्यूएना (m)	igyūena
varano (m)	मॉनिटर छिपकली (f)	monitar chhipakalī
salamandra (f)	सैलामैंडर (m)	sailāmaindar
camaleón (m)	गिरगिट (m)	giragit
escorpión (m)	वृश्चिक (m)	vrshchik
tortuga (f)	कछुआ (m)	kachhua
rana (f)	मेंढक (m)	mendhak
sapo (m)	भेक (m)	bhek
cocodrilo (m)	मगर (m)	magar

93. Los insectos

insecto (m)	कीट (m)	kīt
mariposa (f)	तितली (f)	titalī
hormiga (f)	चींटी (f)	chīntī
mosca (f)	मक्खी (f)	makkhī
mosquito (m) (picadura de ~)	मच्छर (m)	machchhar
escarabajo (m)	भृंग (m)	bhrng
avispa (f)	हड्डा (m)	hadda
abeja (f)	मधुमक्खी (f)	madhumakkhī
abejorro (m)	भंवरा (m)	bhanvara
moscardón (m)	गोमक्खी (f)	gomakkhī
araña (f)	मकड़ी (f)	makarī
telaraña (f)	मकड़ी का जाल (m)	makarī ka jāl

libélula (f)	व्याध-पतंग (m)	vyādh-patang
saltamontes (m)	टिड्डा (m)	tidda
mariposa (f) nocturna	पतंगा (m)	patanga
cucaracha (f)	तिलचट्टा (m)	tilachatta
garrapata (f)	जुँआ (m)	juna
pulga (f)	पिस्सू (m)	pissū
mosca (f) negra	भुनगा (m)	bhunaga
langosta (f)	टिड्डी (f)	tiddī
caracol (m)	घोंघा (m)	ghongha
grillo (m)	झींगुर (m)	jhīngur
luciérnaga (f)	जुगनू (m)	juganū
mariquita (f)	सोनपंखी (f)	sonapankhī
sanjuanero (m)	कोकचाफ़ (m)	kokachāf
sanguijuela (f)	जोंक (m)	jok
oruga (f)	इल्ली (f)	illī
lombriz (m) de tierra	केंचुआ (m)	kenchua
larva (f)	कीटडिंभ (m)	kītadimbh

LA FLORA

árbol (m)	पेड़ (m)	per
foliáceo (adj)	पर्णपाती	parnapātī
conífero (adj)	शंकुधर	shankudhar
de hoja perenne	सदाबहार	sadābahār
manzano (m)	सेब वृक्ष (m)	seb vrksh
peral (m)	नाश्पाती का पेड़ (m)	nāshpātī ka per
cerezo (m), guindo (m)	चेरी का पेड़ (f)	cherī ka per
ciruelo (m)	आलूबुखारे का पेड़ (m)	ālūbukhāre ka per
abedul (m)	सनोबर का पेड़ (m)	sanobar ka per
roble (m)	बलूत (m)	balūt
tilo (m)	लिनडेन वृक्ष (m)	linaden vrksh
pobo (m)	आस्पेन वृक्ष (m)	āspen vrksh
arce (m)	मेपल (m)	mepal
pícea (f)	फर का पेड़ (m)	far ka per
pino (m)	देवदार (m)	devadār
alerce (m)	लार्च (m)	lārch
abeto (m)	फर (m)	far
cedro (m)	देवदर (m)	devadar
álamo (m)	पोप्लर वृक्ष (m)	poplar vrksh
serbal (m)	रोवाण (m)	rovān
sauce (m)	विलो (f)	vilo
aliso (m)	आल्डर वृक्ष (m)	āldar vrksh
haya (f)	बीच (m)	bīch
olmo (m)	एल्म वृक्ष (m)	elm vrksh
fresno (m)	एश-वृक्ष (m)	esh-vrksh
castaño (m)	चेस्टनट (m)	chestanat
magnolia (f)	मैगनोलिया (f)	maiganoliya
palmera (f)	ताड़ का पेड़ (m)	tār ka per
ciprés (m)	सरो (m)	saro
mangle (m)	मैनग्रोव (m)	mainagrov
baobab (m)	गोरक्षी (m)	gorakshī
eucalipto (m)	यूकेलिप्टस (m)	yūkeliptas
secoya (f)	सेकोइया (f)	sekoiya

95. Los arbustos

| mata (f) | झाड़ी (f) | jhārī |
| arbusto (m) | झाड़ी (f) | jhārī |

| vid (f) | अंगूर की बेल (f) | angūr kī bel |
| viñedo (m) | अंगूर का बाग़ (m) | angūr ka bāg |

frambueso (m)	रास्पबेरी की झाड़ी (f)	rāspaberī kī jhārī
grosellero (m) rojo	लाल करेंट की झाड़ी (f)	lāl karent kī jhārī
grosellero (m) espinoso	गूज़बेरी की झाड़ी (f)	gūzaberī kī jhārī

acacia (f)	ऐकेशिय (m)	aikeshiy
berberís (m)	बारबेरी झाड़ी (f)	bāraberī jhārī
jazmín (m)	चमेली (f)	chamelī

enebro (m)	जूनिपर (m)	jūnipar
rosal (m)	गुलाब की झाड़ी (f)	gulāb kī jhārī
escaramujo (m)	जंगली गुलाब (m)	jangalī gulāb

96. Las frutas. Las bayas

fruto (m)	फल (m)	fal
frutos (m pl)	फल (m pl)	fal
manzana (f)	सेब (m)	seb
pera (f)	नाशपाती (f)	nāshpātī
ciruela (f)	आलूबुख़ारा (m)	ālūbukhāra

fresa (f)	स्ट्रॉबेरी (f)	stroberī
guinda (f), cereza (f)	चेरी (f)	cherī
uva (f)	अंगूर (m)	angūr

frambuesa (f)	रास्पबेरी (f)	rāspaberī
grosella (f) negra	काली करेंट (f)	kālī karent
grosella (f) roja	लाल करेंट (f)	lāl karent
grosella (f) espinosa	गूज़बेरी (f)	gūzaberī
arándano (m) agrio	क्रेनबेरी (f)	krenaberī

naranja (f)	संतरा (m)	santara
mandarina (f)	नारंगी (f)	nārangī
piña (f)	अनानास (m)	anānās
banana (f)	केला (m)	kela
dátil (m)	खजूर (m)	khajūr

limón (m)	नींबू (m)	nīmbū
albaricoque (m)	ख़ूबानी (f)	khūbānī
melocotón (m)	आड़ू (m)	ārū
kiwi (m)	चीकू (m)	chīkū
toronja (f)	ग्रेपफ्रूट (m)	grepafrūt

baya (f)	बेरी (f)	berī
bayas (f pl)	बेरियां (f pl)	beriyān
arándano (m) rojo	काओबेरी (f)	kaoberī
fresa (f) silvestre	जंगली स्ट्रॉबेरी (f)	jangalī stroberī
arándano (m)	बिलबेरी (f)	bilaberī

97. Las flores. Las plantas

flor (f)	फूल (m)	fūl
ramo (m) de flores	गुलदस्ता (m)	guladasta
rosa (f)	गुलाब (f)	gulāb
tulipán (m)	ट्यूलिप (m)	tyūlip
clavel (m)	गुलनार (m)	gulanār
gladiolo (m)	ग्लेडियोलस (m)	glediyolas
aciano (m)	नीलकूपी (m)	nīlakūpī
campanilla (f)	ब्लूबेल (m)	blūbel
diente (m) de león	कुकरौंधा (m)	kukaraundha
manzanilla (f)	कैमोमाइल (m)	kaimomail
áloe (m)	मुसब्बर (m)	musabbar
cacto (m)	कैक्टस (m)	kaiktas
ficus (m)	रबड़ का पौधा (m)	rabar ka paudha
azucena (f)	कुमुदिनी (f)	kumudinī
geranio (m)	जेरानियम (m)	jeraniyam
jacinto (m)	हायसिंथ (m)	hāyasinth
mimosa (f)	मिमोसा (m)	mimosa
narciso (m)	नरगिस (f)	naragis
capuchina (f)	नस्टाशयम (m)	nastāshayam
orquídea (f)	आर्किड (m)	ārkid
peonía (f)	पियोनी (m)	piyonī
violeta (f)	वॉयलेट (m)	voyalet
trinitaria (f)	पैंज़ी (m pl)	painzī
nomeolvides (f)	फर्गेट मी नाट (m)	fargent mī nāt
margarita (f)	गुलबहार (f)	gulabahār
amapola (f)	खशखाश (m)	khashakhāsh
cáñamo (m)	भांग (f)	bhāng
menta (f)	पुदीना (m)	pudīna
muguete (m)	कामुदिनी (f)	kāmudinī
campanilla (f) de las nieves	सफ़ेद फूल (m)	safed fūl
ortiga (f)	बिच्छू बूटी (f)	bichchhū būtī
acedera (f)	सोरेल (m)	sorel

nenúfar (m)	कुमुदिनी (f)	kumudinī
helecho (m)	फर्न (m)	farn
liquen (m)	शैवाक (m)	shaivāk

invernadero (m) tropical	शीशाघर (m)	shīshāghar
césped (m)	घास का मैदान (m)	ghās ka maidān
macizo (m) de flores	फुलवारी (f)	fulavārī

planta (f)	पौधा (m)	paudha
hierba (f)	घास (f)	ghās
hoja (f) de hierba	तिनका (m)	tinaka

hoja (f)	पत्ती (f)	pattī
pétalo (m)	पंखड़ी (f)	pankharī
tallo (m)	डंडी (f)	dandī
tubérculo (m)	कंद (m)	kand

| retoño (m) | अंकुर (m) | ankur |
| espina (f) | कांटा (m) | kānta |

florecer (vi)	खिलना	khilana
marchitarse (vr)	मुरझाना	murajhāna
olor (m)	बू (m)	bū
cortar (vt)	काटना	kātana
coger (una flor)	तोड़ना	torana

98. Los cereales, los granos

grano (m)	दाना (m)	dāna
cereales (m pl) (plantas)	अनाज की फ़सलें (m pl)	anāj kī fasalen
espiga (f)	बाल (f)	bāl

trigo (m)	गेहूं (m)	gehūn
centeno (m)	रई (f)	raī
avena (f)	जई (f)	jaī
mijo (m)	बाजरा (m)	bājara
cebada (f)	जौ (m)	jau

maíz (m)	मक्का (m)	makka
arroz (m)	चावल (m)	chāval
alforfón (m)	मोथी (m)	mothī

guisante (m)	मटर (m)	matar
fréjol (m)	राजमा (f)	rājama
soya (f)	सोया (m)	soya
lenteja (f)	दाल (m)	dāl
habas (f pl)	फली (f pl)	falī

LOS PAÍSES

T&P Books Publishing

Afganistán (m)	अफ़ग़ानिस्तान (m)	afagānistān
Albania (f)	अल्बानिया (m)	albāniya
Alemania (f)	जर्मन (m)	jarman
Arabia (f) Saudita	सऊदी अरब (m)	saūdī arab
Argentina (f)	अर्जेंटीना (m)	arjentīna
Armenia (f)	आर्मीनिया (m)	ārmīniya
Australia (f)	आस्ट्रेलिया (m)	āstreliya
Austria (f)	ऑस्ट्रिया (m)	ostriya
Azerbaiyán (m)	आज़रबाइजान (m)	āzarabaijān
Bangladesh (m)	बांग्लादेश (m)	bānglādesh
Bélgica (f)	बेल्जियम (m)	beljiyam
Bielorrusia (f)	बेलारूस (m)	belārūs
Bolivia (f)	बोलीविया (m)	bolīviya
Bosnia y Herzegovina	बोस्निया और हर्ज़ेगोविना	bosniya aur harzegovina
Brasil (m)	ब्राज़ील (m)	brāzīl
Bulgaria (f)	बुल्गारिया (m)	bulgāriya
Camboya (f)	कम्बोडिया (m)	kambodiya
Canadá (f)	कनाडा (m)	kanāda
Chequia (f)	चेक गणतंत्र (m)	chek ganatantr
Chile (m)	चिली (m)	chilī
China (f)	चीन (m)	chīn
Chipre (m)	साइप्रस (m)	saipras
Colombia (f)	कोलम्बिया (m)	kolambiya
Corea (f) del Norte	उत्तर कोरिया (m)	uttar koriya
Corea (f) del Sur	दक्षिण कोरिया (m)	dakshin koriya
Croacia (f)	क्रोएशिया (m)	kroeshiya
Cuba (f)	क्यूबा (m)	kyūba
Dinamarca (f)	डेन्मार्क (m)	denmārk
Ecuador (m)	इक्वेडोर (m)	ikvedor
Egipto (m)	मिस्र (m)	misr
Emiratos (m pl) Árabes Unidos	संयुक्त अरब अमीरात (m)	sanyukt arab amīrāt
Escocia (f)	स्कॉटलैंड (m)	skotalaind
Eslovaquia (f)	स्लोवाकिया (m)	slovākiya
Eslovenia	स्लोवेनिया (m)	sloveniya
España (f)	स्पेन (m)	spen
Estados Unidos de América	संयुक्त राज्य अमरीका (m)	sanyukt rājy amarīka
Estonia (f)	एस्तोनिया (m)	estoniya
Finlandia (f)	फ़िनलैंड (m)	finalaind
Francia (f)	फ्रांस (m)	frāns

100. Los países. Unidad 2

Georgia (f)	जॉर्जिया (m)	jorjiya
Ghana (f)	घाना (m)	ghāna
Gran Bretaña (f)	ग्रेट ब्रिटेन (m)	gret briten
Grecia (f)	ग्रीस (m)	grīs
Haití (m)	हाइटी (m)	haitī
Hungría (f)	हंगरी (m)	hangarī

India (f)	भारत (m)	bhārat
Indonesia (f)	इण्डोनेशिया (m)	indoneshiya
Inglaterra (f)	इंग्लैंड (m)	inglaind
Irak (m)	इराक़ (m)	irāq
Irán (m)	इरान (m)	irān
Irlanda (f)	आयरलैंड (m)	āyaralaind
Islandia (f)	आयसलैंड (m)	āyasalaind
Islas (f pl) Bahamas	बहामा (m)	bahāma

| Israel (m) | इस्रायल (m) | isrāyal |
| Italia (f) | इटली (m) | italī |

Jamaica (f)	जमैका (m)	jamaika
Japón (m)	जापान (m)	jāpān
Jordania (f)	जॉर्डन (m)	jordan

| Kazajstán (m) | कज़ाकस्तान (m) | kazākastān |
| Kenia (f) | केन्या (m) | kenya |

| Kirguizistán (m) | किर्गीज़िया (m) | kirgīziya |
| Kuwait (m) | कुवैत (m) | kuvait |

Laos (m)	लाओस (m)	laos
Letonia (f)	लाटविया (m)	lātaviya
Líbano (m)	लेबनान (m)	lebanān
Libia (f)	लीबिया (m)	lībiya
Liechtenstein (m)	लिकटेंस्टीन (m)	likatenstīn

| Lituania (f) | लिथुआनिया (m) | lithuāniya |
| Luxemburgo (m) | लक्ज़मबर्ग (m) | lakzamabarg |

Macedonia	मेसेडोनिया (m)	mesedoniya
Madagascar (m)	मडागास्कार (m)	madāgāskār
Malasia (f)	मलेशिया (m)	maleshiya
Malta (f)	माल्टा (m)	mālta
Marruecos (m)	मोरक्को (m)	morakko
Méjico (m)	मेक्सिको (m)	meksiko
Moldavia (f)	मोलदोवा (m)	moladova
Mónaco (m)	मोनाको (m)	monāko
Mongolia (f)	मंगोलिया (m)	mangoliya
Montenegro (m)	मोंटेनेग्रो (m)	montenegro
Myanmar (m)	म्यांमर (m)	myāmmar

101. Los países. Unidad 3

Namibia (f)	नामीबिया (m)	nāmībiya
Nepal (m)	नेपाल (m)	nepāl
Noruega (f)	नार्वे (m)	nārve
Nueva Zelanda (f)	न्यू ज़ीलैंड (m)	nyū zīlaind
Países Bajos (m pl)	नीदरलैंड्स (m)	nīdaralainds
Pakistán (m)	पाकिस्तान (m)	pākistān
Palestina (f)	फिलिस्तीन (m)	filistīn
Panamá (f)	पनामा (m)	panāma
Paraguay (m)	परागुआ (m)	parāgua
Perú (m)	पेरू (m)	perū
Polinesia (f) Francesa	फ्रेंच पॉलीनेशिया (m)	french polīneshiya
Polonia (f)	पोलैंड (m)	polaind
Portugal (m)	पुर्तगाल (m)	purtagāl
República (f) Dominicana	डोमिनिकन रिपब्लिक (m)	dominikan ripablik
República (f) Sudafricana	दक्षिण अफ्रीका (m)	dakshin afrīka
Rumania (f)	रोमानिया (m)	romāniya
Rusia (f)	रूस (m)	rūs
Senegal (m)	सेनेगाल (m)	senegāl
Serbia (f)	सर्बिया (m)	sarbiya
Siria (f)	सीरिया (m)	sīriya
Suecia (f)	स्वीडन (m)	svīdan
Suiza (f)	स्विट्ज़रलैंड (m)	svitzaralaind
Surinam (m)	सूरीनाम (m)	sūrīnām
Tayikistán (m)	ताज़िकिस्तान (m)	tājikistān
Tailandia (f)	थाईलैंड (m)	thaīlaind
Taiwán (m)	ताइवान (m)	taivān
Tanzania (f)	तंज़ानिया (m)	tanzāniya
Tasmania (f)	तास्मानिया (m)	tāsmāniya
Túnez (m)	ट्यूनीसिया (m)	tyunīsiya
Turkmenistán (m)	तुर्कमानिस्तान (m)	turkamānistān
Turquía (f)	तुर्की (m)	turkī
Ucrania (f)	यूक्रेन (m)	yūkren
Uruguay (m)	उरुग्वे (m)	urugve
Uzbekistán (m)	उज़्बेकिस्तान (m)	uzbekistān
Vaticano (m)	वेटिकन (m)	vetikan
Venezuela (f)	वेनेज़ुएला (m)	venezuela
Vietnam (m)	वियतनाम (m)	viyatanām
Zanzíbar (m)	ज़ैंज़िबार (m)	zainzibār

GLOSARIO
GASTRONÓMICO

Esta sección contiene una
gran cantidad de palabras y
términos asociados con la
comida. Este diccionario le hará
más fácil la comprensión
del menú de un restaurante y
la elección del plato adecuado

T&P Books Publishing

¡Que aproveche!	अपने भोजन का आनंद उठाए!	apane bhojan ka ānand uthaen!
abrebotellas (m)	बोतल ओपनर (m)	botal opanar
abrelatas (m)	ओपनर (m)	opanar
aceite (m) de girasol	सूरजमुखी तेल (m)	sūrajamukhī tel
aceite (m) de oliva	जैतून का तेल (m)	jaitūn ka tel
aceite (m) vegetal	तेल (m)	tel
agua (f)	पानी (m)	pānī
agua (f) mineral	मिनरल वॉटर (m)	minaral votar
agua (f) potable	पीने का पानी (f)	pīne ka pānī
aguacate (m)	एवोकाडो (m)	evokādo
ahumado (adj)	धुएँ में पकाया हुआ	dhuen men pakāya hua
ajo (m)	लहसुन (m)	lahasun
albahaca (f)	तुलसी (f)	tulasī
albaricoque (m)	खूबानी (f)	khūbānī
alcachofa (f)	हाथीचक (m)	hāthīchak
alforfón (m)	मोथी (m)	mothī
almendra (f)	बादाम (f)	bādām
almuerzo (m)	दोपहर का भोजन (m)	dopahar ka bhojan
amargo (adj)	कड़वा	karava
anís (m)	सौंफ़ (f)	saumf
anguila (f)	बाम मछली (f)	bām machhalī
aperitivo (m)	एपेरेतीफ़ (m)	eperetīf
apetito (m)	भूख (f)	bhūkh
apio (m)	सेलरी (m)	selarī
arándano (m)	बिलबेरी (f)	bilaberī
arándano (m) agrio	क्रेनबेरी (f)	krenaberī
arándano (m) rojo	काओबेरी (f)	kaoberī
arenque (m)	हेरिंग मछली (f)	hering machhalī
arroz (m)	चावल (m)	chāval
atún (m)	टूना (f)	tūna
avellana (f)	हेज़लनट (m)	hezalanat
avena (f)	जई (f)	jaī
azúcar (m)	चीनी (f)	chīnī
azafrán (m)	ज़ाफ़रान (m)	zāfarān
azucarado, dulce (adj)	मीठा	mītha
bacalao (m)	कॉड (f)	kod
banana (f)	केला (m)	kela
bar (m)	बार (m)	bār
barman (m)	बारमैन (m)	bāramain
batido (m)	मिल्कशेक (m)	milkashek
baya (f)	बेरी (f)	berī
bayas (f pl)	बेरियाँ (f pl)	beriyān
bebida (f) sin alcohol	कोल्ड ड्रिंक (f)	kold drink

bebidas (f pl) alcohólicas	शराब (m pl)	sharāb
beicon (m)	बेकन (m)	bekan
berenjena (f)	बैंगन (m)	baingan
bistec (m)	बीफ़्रस्टीक (m)	bīfastīk
bocadillo (m)	सैन्डविच (m)	saindavich
boleto (m) áspero	बर्च बोलेट (f)	barch bolet
boleto (m) castaño	नारंगी छतरी वाली गगन-धूलि (f)	nārangī chhatarī vālī gagan-dhūli
brócoli (m)	ब्रोकोली (f)	brokolī
brema (f)	ब्रीम (f)	brīm
cóctel (m)	कॉकटेल (m)	kokatel
caballa (f)	माक्रैल (f)	mākrail
cacahuete (m)	मूँगफली (m)	mūngafalī
café (m)	कॉफ़ी (f)	kofī
café (m) con leche	दूध के साथ कॉफ़ी (f)	dūdh ke sāth kofī
café (m) solo	काली कॉफ़ी (f)	kālī kofī
café (m) soluble	इन्सटेन्ट-काफ़ी (f)	insatent-kāfī
calabacín (m)	तुरई (f)	turī
calabaza (f)	कद्दू	kaddū
calamar (m)	स्कीड (m)	skīd
caldo (m)	यख़नी (f)	yakhanī
caliente (adj)	गरम	garam
caloría (f)	कैलोरी (f)	kailorī
camarón (m)	चिंगड़ा (m)	chingara
camarera (f)	बैरी (f)	bairī
camarero (m)	बैरा (m)	baira
canela (f)	दालचीनी (f)	dālachīnī
cangrejo (m) de mar	केकड़ा (m)	kekara
capuchino (m)	कैपूचिनो (f)	kaipūchino
caramelo (m)	टॉफ़ी (f)	tofī
carbohidratos (m pl)	कार्बोहाइड्रेट (m)	kārbohaidret
carne (f)	गोश्त (m)	gosht
carne (f) de carnero	भेड़ का गोश्त (m)	bher ka gosht
carne (f) de cerdo	सुअर का गोश्त (m)	suar ka gosht
carne (f) de ternera	बछड़े का गोश्त (m)	bachhare ka gosht
carne (f) de vaca	गाय का गोश्त (m)	gāy ka gosht
carne (f) picada	कीमा (m)	kīma
carpa (f)	कार्प (f)	kārp
carta (f) de vinos	वाइन सूची (f)	vain sūchī
carta (f), menú (m)	मेनू (m)	menū
caviar (m)	मछली के अंडे (m)	machhalī ke ande
caza (f) menor	शिकार के पशुपक्षी (f)	shikār ke pashupakshī
cebada (f)	जौ (m)	jau
cebolla (f)	प्याज़ (m)	pyāz
cena (f)	रात्रिभोज (m)	rātribhoj
centeno (m)	रई (f)	raī
cereales (m pl)	अनाज की फ़सलें (m pl)	anāj kī fasalen
cereales (m pl) integrales	अनाज के दाने (m)	anāj ke dāne
cerveza (f)	बियर (f)	biyar
cerveza (f) negra	डार्क बियर (m)	dārk biyar
cerveza (f) rubia	हल्का बियर (m)	halka biyar
champaña (f)	शैम्पेन (f)	shaimpen

chicle (m)	चूइन्ग गम (m)	chūing gam
chocolate (m)	चॉकलेट (m)	chokalet
cilantro (m)	धनिया (m)	dhaniya
ciruela (f)	आलूबुखारा (m)	ālūbukhāra
clara (f)	अंडे की सफ़ेदी (m)	ande kī safedī
clavo (m)	लौंग (f)	laung
coñac (m)	कोन्याक (m)	konyāk
cocido en agua (adj)	उबला	ubala
cocina (f)	व्यंजन (m)	vyanjan
col (f)	पत्ता गोभी (f)	patta gobhī
col (f) de Bruselas	ब्रसेल्स स्प्राउट्स (m)	brasels sprauts
coliflor (f)	फूल गोभी (f)	fūl gobhī
colmenilla (f)	मोरेल (f)	morel
comida (f)	खाना (m)	khāna
comino (m)	ज़ीरा (m)	zīra
con gas	स्पार्कलिंग	spārkaling
con hielo	बर्फ़ के साथ	barf ke sāth
condimento (m)	मसाला (m)	masāla
conejo (m)	खरगोश (m)	kharagosh
confitura (f)	जैम (m)	jaim
confitura (f)	जैम (m)	jaim
congelado (adj)	फ्रोज़न	frozan
conservas (f pl)	डिब्बाबन्द खाना (m)	dibbāband khāna
copa (f) de vino	वाइन गिलास (m)	vain gilās
copos (m pl) de maíz	कॉर्नफ्लेक्स (m)	kornafleks
crema (f) de mantequilla	क्रीम (m)	krīm
cuchara (f)	चम्मच (m)	chammach
cuchara (f) de sopa	चम्मच (m)	chammach
cucharilla (f)	चम्मच (m)	chammach
cuchillo (m)	छुरी (f)	chhurī
cuenta (f)	बिल (m)	bil
dátil (m)	खजूर (m)	khajūr
de chocolate (adj)	चॉकलेटी	chokaletī
desayuno (m)	नाश्ता (m)	nāshta
dieta (f)	डाइट (m)	dait
eneldo (m)	सोआ (m)	soa
ensalada (f)	सलाद (m)	salād
entremés (m)	एपेटाइज़र (m)	epetaizar
espárrago (m)	एस्पैरेगस (m)	espairegas
espagueti (m)	स्पेघेटी (f)	speghetī
especia (f)	मसाला (m)	masāla
espiga (f)	बाल (f)	bāl
espinaca (f)	पालक (m)	pālak
esturión (m)	स्टर्जन (f)	starjan
fletán (m)	हैलिबट (f)	hailibat
fréjol (m)	राजमा (f)	rājama
frío (adj)	ठंडा	thanda
frambuesa (f)	रसभरी (f)	rasabharī
fresa (f)	स्ट्रॉबेरी (f)	stroberī
fresa (f) silvestre	जंगली स्ट्रॉबेरी (f)	jangalī stroberī
frito (adj)	भुना	bhuna
fruto (m)	फल (m)	fal

frutos (m pl)	फल (m pl)	fal
gachas (f pl)	दलिया (f)	daliya
galletas (f pl)	बिस्कुट (m)	biskut
gallina (f)	चीकन (m)	chīkan
ganso (m)	हंस (m)	hans
gaseoso (adj)	काबोनेटेड	kārboneted
ginebra (f)	जिन (f)	jin
gofre (m)	वेफ़र (m pl)	vefar
granada (f)	अनार (m)	anār
grano (m)	दाना (m)	dāna
grasas (f pl)	वसा (m pl)	vasa
grosella (f) espinosa	आमला (f)	āmala
grosella (f) negra	काली किशमिश (f)	kālī kishamish
grosella (f) roja	लाल किशमिश (f)	lāl kishamish
guarnición (f)	साइड डिश (f)	said dish
guisante (m)	मटर (m)	matar
hígado (m)	जिगर (f)	jigar
habas (f pl)	फली (f pl)	falī
hamburguesa (f)	हैमबर्गर (m)	haimabargar
harina (f)	आटा (m)	āta
helado (m)	आईस-क्रीम (f)	āīs-krīm
hielo (m)	बर्फ़ (m)	barf
higo (m)	अंजीर (m)	anjīr
hoja (f) de laurel	तेजपत्ता (m)	tejapatta
huevo (m)	अंडा (m)	anda
huevos (m pl)	अंडे (m pl)	ande
huevos (m pl) fritos	आमलेट (m)	āmalet
jamón (m)	हैम (m)	haim
jamón (m) fresco	सुअर की जांघ (f)	suar kī jāngh
jengibre (m)	अदरक (m)	adarak
jugo (m) de tomate	टमाटर का रस (m)	tamātar ka ras
kiwi (m)	चीकू (m)	chīkū
langosta (f)	लोबस्टर (m)	lobastar
leche (f)	दूध (m)	dūdh
leche (f) condensada	रबड़ी (f)	rabarī
lechuga (f)	सलाद पत्ता (m)	salād patta
legumbres (f pl)	सब्जियाँ (f pl)	sabziyān
lengua (f)	जीभ (m)	jībh
lenguado (m)	फ़्लैटफ़िश (f)	flaitafish
lenteja (f)	दाल (m)	dāl
licor (m)	लिकर (m)	likar
limón (m)	नींबू (m)	nīmbū
limonada (f)	लेमोनेड (m)	lemoned
loncha (f)	टुकड़ा (m)	tukara
lucio (m)	पाइक (f)	paik
lucioperca (f)	पाइक पर्च (f)	paik parch
maíz (m)	मकई (f)	makī
maíz (m)	मक्का (m)	makka
macarrones (m pl)	पास्ता (m)	pāsta
mandarina (f)	नारंगी (m)	nārangī
mango (m)	आम (m)	ām
mantequilla (f)	मक्खन (m)	makkhan

manzana (f)	सेब (m)	seb
margarina (f)	नकली मक्खन (m)	nakalī makkhan
marinado (adj)	अचार	achār
mariscos (m pl)	समुद्री खाना (m)	samudrī khāna
matamoscas (m)	फ्लाई ऐगेरिक (f)	flaī aigerik
mayonesa (f)	मेयोनेज़ (m)	meyonez
melón (m)	खरबूज़ा (f)	kharabūza
melocotón (m)	आड़ू (m)	ārū
mermelada (f) ·	मुरब्बा (m)	murabba
miel (f)	शहद (m)	shahad
miga (f)	टुकड़ा (m)	tukara
mijo (m)	बाजरा (m)	bājara
mini tarta (f)	पेस्ट्री (f)	pestrī
mondadientes (m)	टूथपिक (m)	tūthapik
mostaza (f)	सरसों (m)	sarason
nabo (m)	शलजम (f)	shalajam
naranja (f)	संतरा (m)	santara
nata (f) agria	खट्टी क्रीम (f)	khattī krīm
nata (f) líquida	मलाई (f pl)	malaī
nuez (f)	अखरोट (m)	akharot
nuez (f) de coco	नारियल (m)	nāriyal
olivas, aceitunas (f pl)	जैतून (m)	jaitūn
oronja (f) verde	डेथ कैप (f)	deth kaip
ostra (f)	सीप (m)	sīp
pan (m)	ब्रेड (f)	bred
papaya (f)	पपीता (f)	papīta
paprika (f)	लाल शिमला मिर्च पाउडर (m)	lāl shimala mirch paudar
pasas (f pl)	किशमिश (m)	kishamish
pasteles (m pl)	मिठाई (f pl)	mithaī
paté (m)	पिसा हुआ गोश्त (m)	pisa hua gosht
patata (f)	आलू (m)	ālū
pato (m)	बत्तख़ (f)	battakh
pava (f)	टर्की (m)	tarkī
pedazo (m)	टुकड़ा (m)	tukara
pepino (m)	खीरा (m)	khīra
pera (f)	नाशपाती (f)	nāshapātī
perca (f)	पर्च (f)	parch
perejil (m)	अजमोद (f)	ajamod
pescado (m)	मछली (f)	machhalī
piña (f)	अनानास (m)	anānās
piel (f)	छिलका (f)	chhilaka
pimienta (f) negra	काली मिर्च (f)	kālī mirch
pimienta (f) roja	लाल मिर्च (m)	lāl mirch
pimiento (m) dulce	शिमला मिर्च (m)	shimala mirch
pistachos (m pl)	पिस्ता (m)	pista
pizza (f)	पीट्ज़ा (f)	pītza
platillo (m)	सॉसर (m)	sosar
plato (m)	पकवान (m)	pakavān
plato (m)	तश्तरी (f)	tashtarī
pomelo (m)	ग्रेपफ्रूट (m)	grepafrūt
porción (f)	भाग (m)	bhāg

postre (m)	मीठा (m)	mītha
propina (f)	टिप (f)	tip
proteínas (f pl)	प्रोटीन (m pl)	protīn
puré (m) de patatas	आलू भरता (f)	ālū bharata
queso (m)	पनीर (m)	panīr
rábano (m)	मूली (f)	mūlī
rábano (m) picante	अरब मूली (f)	arab mūlī
rúsula (f)	रसुला (f)	rasula
rebozuelo (m)	शेंटरेल (f)	shentarel
receta (f)	रैसीपी (f)	raisīpī
refresco (m)	शीतलक ड्रिंक (f)	shītalak drink
regusto (m)	स्वाद (m)	svād
relleno (m)	फ़िलिंग (f)	filing
remolacha (f)	चुकन्दर (m)	chukandar
ron (m)	रम (m)	ram
sésamo (m)	तिल (m)	til
sabor (m)	स्वाद (m)	svād
sabroso (adj)	स्वादिष्ट	svādisht
sacacorchos (m)	पेंचकस (m)	penchakas
sal (f)	नमक (m)	namak
salado (adj)	नमकीन	namakīn
salchichón (m)	सॉसेज (f)	sosej
salchicha (f)	वियना सॉसेज (m)	viyana sosej
salmón (m)	सालमन (m)	sālaman
salmón (m) del Atlántico	अटलांटिक सैल्मन (f)	atalāntik sailman
salsa (f)	चटनी (f)	chatanī
sandía (f)	तरबूज़ (m)	tarabūz
sardina (f)	साडीन (f)	sārdīn
seco (adj)	सूखा	sūkha
seta (f)	गगन-धूलि (f)	gagan-dhūli
seta (f) comestible	खाने योग्य गगन-धूलि (f)	khāne yogy gagan-dhūli
seta (f) venenosa	ज़हरीली गगन-धूलि (f)	zaharīlī gagan-dhūli
seta calabaza (f)	सफ़ेद गगन-धूलि (f)	safed gagan-dhūli
siluro (m)	कैटफ़िश (f)	kaitafish
sin alcohol	शराब रहित	sharāb rahit
sin gas	स्टिल वॉटर	stil votar
sopa (f)	सूप (m)	sūp
soya (f)	सोया (m)	soya
té (m)	चाय (f)	chāy
té (m) negro	काली चाय (f)	kālī chāy
té (m) verde	हरी चाय (f)	harī chāy
tallarines (m pl)	नूडल्स (m)	nūdals
tarta (f)	केक (m)	kek
tarta (f)	पाई (m)	paī
taza (f)	प्याला (m)	pyāla
tenedor (m)	काँटा (m)	kānta
tiburón (m)	शार्क (f)	shārk
tomate (m)	टमाटर (m)	tamātar
tortilla (f) francesa	आमलेट (m)	āmalet
trigo (m)	गेहूं (m)	gehūn
trucha (f)	ट्राउट मछली (f)	traut machhalī
uva (f)	अंगूर (m)	angūr

vaso (m)	गिलास (m)	gilās
vegetariano (adj)	शाकाहारी	shākāhārī
vegetariano (m)	शाकाहारी (m)	shākāhārī
verduras (f pl)	हरी सब्ज़ियाँ (f)	harī sabziyān
vermú (m)	वर्माउथ (f)	varmauth
vinagre (m)	सिरका (m)	siraka
vino (m)	वाइन (f)	vain
vino (m) blanco	सफ़ेद वाइन (f)	safed vain
vino (m) tinto	लाल वाइन (f)	lāl vain
vitamina (f)	विटामिन (m)	vitāmin
vodka (m)	वोडका (m)	vodaka
whisky (m)	विस्की (f)	viskī
yema (f)	अंडे की ज़र्दी (m)	ande kī zardī
yogur (m)	दही (m)	dahī
zanahoria (f)	गाजर (f)	gājar
zarzamoras (f pl)	ब्लैकबेरी (f)	blaikaberī
zumo (m) de naranja	संतरे का रस (m)	santare ka ras
zumo (m) fresco	ताज़ा रस (m)	tāza ras
zumo (m), jugo (m)	रस (m)	ras

Hindi-Español glosario gastronómico

आईस-क्रीम (f)	āīs-krīm	helado (m)
आलू (m)	ālū	patata (f)
आलू भरता (f)	ālū bharata	puré (m) de patatas
आलूबुखारा (m)	ālūbukhāra	ciruela (f)
आम (m)	ām	mango (m)
आमला (f)	āmala	grosella (f) espinosa
आमलेट (m)	āmalet	huevos (m pl) fritos
आमलेट (m)	āmalet	tortilla (f) francesa
आड़ू (m)	ārū	melocotón (m)
आटा (m)	āta	harina (f)
अचार	achār	marinado (adj)
अदरक (m)	adarak	jengibre (m)
अजमोद (f)	ajamod	perejil (m)
अखरोट (m)	akharot	nuez (f)
अनाज की फ़सलें (m pl)	anāj kī fasalen	cereales (m pl)
अनाज के दाने (m)	anāj ke dāne	cereales (m pl) integrales
अनानास (m)	anānās	piña (f)
अनार (m)	anār	granada (f)
अंडा (m)	anda	huevo (m)
अंडे (m pl)	ande	huevos (m pl)
अंडे की सफ़ेदी (m)	ande kī safedī	clara (f)
अंडे की ज़र्दी (m)	ande kī zardī	yema (f)
अंगूर (m)	angūr	uva (f)
अंजीर (m)	anjīr	higo (m)
अपने भोजन का आनंद उठाएं!	apane bhojan ka ānand uthaen!	¡Que aproveche!
अरब मूली (f)	arab mūlī	rábano (m) picante
अटलांटिक सैल्मन (f)	atalāntik sailman	salmón (m) del Atlántico
बादाम (f)	bādām	almendra (f)
बाजरा (m)	bājara	mijo (m)
बाल (f)	bāl	espiga (f)
बाम मछली (f)	bām machhalī	anguila (f)
बार (m)	bār	bar (m)
बारमैन (m)	bāramain	barman (m)
बीफ़स्टीक (m)	bīfastīk	bistec (m)
बछड़े का गोश्त (m)	bachhare ka gosht	carne (f) de ternera
बैंगन (m)	baingan	berenjena (f)
बैरी (f)	bairī	camarera (f)
बैरा (m)	baira	camarero (m)
बर्च बोलेट (f)	barch bolet	boleto (m) áspero
बर्फ़ (m)	barf	hielo (m)
बर्फ़ के साथ	barf ke sāth	con hielo
बतख़ (f)	battakh	pato (m)
बेकन (m)	bekan	beicon (m)

बेरी (f)	berī	baya (f)
बेरियां (f pl)	beriyān	bayas (f pl)
भाग (m)	bhāg	porción (f)
भूख (f)	bhūkh	apetito (m)
भेड़ का गोश्त (m)	bher ka gosht	carne (f) de carnero
भुना	bhuna	frito (adj)
बिल (m)	bil	cuenta (f)
बिलबेरी (f)	bilaberī	arándano (m)
बिस्कुट (m)	biskut	galletas (f pl)
बियर (m)	biyar	cerveza (f)
ब्लैकबेरी (f)	blaikaberī	zarzamoras (f pl)
बोतल ओपनर (m)	botal opanar	abrebotellas (m)
ब्रीम (f)	brīm	brema (f)
ब्रसेल्स स्प्राउट्स (m)	brasels sprauts	col (f) de Bruselas
ब्रेड (f)	bred	pan (m)
ब्रोकोली (f)	brokolī	brócoli (m)
चावल (m)	chāval	arroz (m)
चाय (f)	chāy	té (m)
चीकू (m)	chīkū	kiwi (m)
चीकन (m)	chīkan	gallina (f)
चीनी (f)	chīnī	azúcar (m)
चूइन्ग गम (m)	chūing gam	chicle (m)
चम्मच (m)	chammach	cuchara (f)
चम्मच (m)	chammach	cucharilla (f)
चम्मच (m)	chammach	cuchara (f) de sopa
चटनी (f)	chatanī	salsa (f)
छिलका (f)	chhilaka	piel (f)
छुरी (f)	chhurī	cuchillo (m)
चिंगड़ा (m)	chingara	camarón (m)
चॉकलेट (m)	chokalet	chocolate (m)
चॉकलेटी	chokaletī	de chocolate (adj)
चुकन्दर (m)	chukandar	remolacha (f)
दाल (m)	dāl	lenteja (f)
दालचीनी (f)	dālachīnī	canela (f)
दाना (m)	dāna	grano (m)
डार्क बियर (m)	dārk biyar	cerveza (f) negra
दूध (m)	dūdh	leche (f)
दूध के साथ कॉफ़ी (f)	dūdh ke sāth kofī	café (m) con leche
दही (m)	dahī	yogur (m)
डाइट (m)	dait	dieta (f)
दलिया (f)	daliya	gachas (f pl)
डेथ कैप (f)	deth kaip	oronja (f) verde
धनिया (m)	dhaniya	cilantro (m)
धुएँ में पकाया हुआ	dhuen men pakāya hua	ahumado (adj)
डिब्बाबन्द खाना (m)	dibbāband khāna	conservas (f pl)
दोपहर का भोजन (m)	dopahar ka bhojan	almuerzo (m)
एपेरेतीफ़ (m)	eperetīf	aperitivo (m)
एपेटाइज़र (m)	epetaizar	entremés (m)
एस्पैरेगस (m)	espairegas	espárrago (m)
एवोकाडो (m)	evokādo	aguacate (m)
फूल गोभी (f)	fūl gobhī	coliflor (f)
फल (m)	fal	fruto (m)

फल (m pl)	fal	frutos (m pl)
फली (f pl)	falī	habas (f pl)
फ़िलिंग (f)	filing	relleno (m)
फ्लाई ऐगेरिक (f)	flaī aigerik	matamoscas (m)
फ़्लैटफ़िश (f)	flaitafish	lenguado (m)
फ़्रोज़न	frozan	congelado (adj)
गाजर (f)	gājar	zanahoria (f)
गाय का गोश्त (m)	gāy ka gosht	carne (f) de vaca
गगन-धूलि (f)	gagan-dhūli	seta (f)
गरम	garam	caliente (adj)
गेहूं (m)	gehūn	trigo (m)
गिलास (m)	gilās	vaso (m)
गोश्त (m)	gosht	carne (f)
ग्रेपफ्रूट (m)	grepafrūt	pomelo (m)
हाथीचक (m)	hāthīchak	alcachofa (f)
हैलिबट (f)	hailibat	fletán (m)
हैम (m)	haim	jamón (m)
हैमबर्गर (m)	haimabargar	hamburguesa (f)
हल्का बियर (m)	halka biyar	cerveza (f) rubia
हंस (m)	hans	ganso (m)
हरी चाय (f)	harī chāy	té (m) verde
हरी सब्जियाँ (f)	harī sabziyān	verduras (f pl)
हेरिंग मछली (f)	hering machhalī	arenque (m)
हेज़लनट (m)	hezalanat	avellana (f)
इन्सटेन्ट-काफ़ी (f)	insatent-kāfī	café (m) soluble
जीभ (m)	jībh	lengua (f)
जई (f)	jaī	avena (f)
जैम (m)	jaim	confitura (f)
जैम (m)	jaim	confitura (f)
जैतून (m)	jaitūn	olivas, aceitunas (f pl)
जैतून का तेल (m)	jaitūn ka tel	aceite (m) de oliva
जंगली स्ट्रॉबेरी (f)	jangalī stroberī	fresa (f) silvestre
जौ (m)	jau	cebada (f)
जिगर (f)	jigar	hígado (m)
जिन (f)	jin	ginebra (f)
काली चाय (f)	kālī chāy	té (m) negro
काली किशमिश (f)	kālī kishamish	grosella (f) negra
काली कॉफ़ी (f)	kālī kofī	café (m) solo
काली मिर्च (f)	kālī mirch	pimienta (f) negra
काँटा (m)	kānta	tenedor (m)
काबोहाइड्रेट (m)	kārbohaidret	carbohidratos (m pl)
काबीनेटेड	kārboneted	gaseoso (adj)
कार्प (f)	kārp	carpa (f)
कीमा (m)	kīma	carne (f) picada
कद्दू	kaddū	calabaza (f)
कैलोरी (f)	kailorī	caloría (f)
कैपूचिनो (f)	kaipūchino	capuchino (m)
कैटफ़िश (f)	kaitafish	siluro (m)
काओबेरी (f)	kaoberī	arándano (m) rojo
कड़वा	karava	amargo (adj)
केक (m)	kek	tarta (f)
केकड़ा (m)	kekara	cangrejo (m) de mar

केला (m)	kela	banana (f)
खाना (m)	khāna	comida (f)
खाने योग्य गगन-धूलि (f)	khāne yogy gagan-dhūli	seta (f) comestible
खीरा (m)	khīra	pepino (m)
खूबानी (f)	khūbānī	albaricoque (m)
खजूर (m)	khajūr	dátil (m)
खरबूज़ा (f)	kharabūza	melón (m)
खरगोश (m)	kharagosh	conejo (m)
खट्टी क्रीम (f)	khattī krīm	nata (f) agria
किशमिश (m)	kishamish	pasas (f pl)
कॉड (f)	kod	bacalao (m)
कॉफ़ी (f)	kofī	café (m)
कॉकटेल (m)	kokatel	cóctel (m)
कोल्ड ड्रिंक (f)	kold drink	bebida (f) sin alcohol
कोन्याक (m)	konyāk	coñac (m)
कॉर्नफ़्लेक्स (m)	kornafleks	copos (m pl) de maíz
क्रीम (m)	krīm	crema (f) de mantequilla
क्रेनबेरी (f)	krenaberī	arándano (m) agrio
लाल किशमिश (f)	lāl kishamish	grosella (f) roja
लाल मिर्च (m)	lāl mirch	pimienta (f) roja
लाल शिमला मिर्च पाउडर (m)	lāl shimala mirch paudar	paprika (f)
लाल वाइन (f)	lāl vain	vino (m) tinto
लहसुन (m)	lahasun	ajo (m)
लौंग (f)	laung	clavo (m)
लेमोनेड (m)	lemoned	limonada (f)
लिकर (m)	likar	licor (m)
लोबस्टर (m)	lobastar	langosta (f)
माक्रैल (f)	mākrail	caballa (f)
मीठा	mītha	azucarado, dulce (adj)
मीठा (m)	mītha	postre (m)
मूली (f)	mūlī	rábano (m)
मूँगफली (m)	mūngafalī	cacahuete (m)
मछली (f)	machhalī	pescado (m)
मछली के अंडे (m)	machhalī ke ande	caviar (m)
मकई (f)	makī	maíz (m)
मक्का (m)	makka	maíz (m)
मक्खन (m)	makkhan	mantequilla (f)
मलाई (f pl)	malaī	nata (f) líquida
मसाला (m)	masāla	condimento (m)
मसाला (m)	masāla	especia (f)
मटर (m)	matar	guisante (m)
मेनू (m)	menū	carta (f), menú (m)
मेयोनेज़ (m)	meyonez	mayonesa (f)
मिल्कशेक (m)	milkashek	batido (m)
मिनरल वॉटर (m)	minaral votar	agua (f) mineral
मिठाई (f pl)	mithaī	pasteles (m pl)
मोरेल (f)	morel	colmenilla (f)
मोथी (m)	mothī	alforfón (m)
मुरब्बा (m)	murabba	mermelada (f)
नारंगी (m)	nārangī	mandarina (f)
नारंगी छतरी वाली गगन-धूलि (f)	nārangī chhatarī vālī gagan-dhūli	boleto (m) castaño

नारियल (m)	nāriyal	nuez (f) de coco
नाशपाती (f)	nāshapātī	pera (f)
नाश्ता (m)	nāshta	desayuno (m)
नींबू (m)	nīmbū	limón (m)
नूडल्स (m)	nūdals	tallarines (m pl)
नकली मक्खन (m)	nakalī makkhan	margarina (f)
नमक (m)	namak	sal (f)
नमकीन	namakīn	salado (adj)
ओपनर (m)	opanar	abrelatas (m)
पालक (m)	pālak	espinaca (f)
पानी (m)	pānī	agua (f)
पास्ता (m)	pāsta	macarrones (m pl)
पीने का पानी (f)	pīne ka pānī	agua (f) potable
पीट्ज़ा (f)	pītza	pizza (f)
पाई (m)	paī	tarta (f)
पाइक (f)	paik	lucio (m)
पाइक पर्च (f)	paik parch	lucioperca (f)
पकवान (m)	pakavān	plato (m)
पनीर (m)	panīr	queso (m)
पपीता (f)	papīta	papaya (f)
पर्च (f)	parch	perca (f)
पत्ता गोभी (f)	patta gobhī	col (f)
पेंचकस (m)	penchakas	sacacorchos (m)
पेस्ट्री (f)	pestrī	mini tarta (f)
पिसा हुआ गोश्त (m)	pisa hua gosht	paté (m)
पिस्ता (m)	pista	pistachos (m pl)
प्रोटीन (m pl)	protīn	proteínas (f pl)
प्याला (m)	pyāla	taza (f)
प्याज़ (m)	pyāz	cebolla (f)
राजमा (f)	rājama	fréjol (m)
रात्रिभोज (m)	rātribhoj	cena (f)
रई (f)	raī	centeno (m)
रबड़ी (f)	rabarī	leche (f) condensada
रैसीपी (f)	raisīpī	receta (f)
रम (m)	ram	ron (m)
रस (m)	ras	zumo (m), jugo (m)
रसभरी (f)	rasabharī	frambuesa (f)
रसुला (f)	rasula	rúsula (f)
सालमन (m)	sālaman	salmón (m)
सार्डीन (f)	sārdīn	sardina (f)
सीप (m)	sīp	ostra (f)
सूखा	sūkha	seco (adj)
सूप (m)	sūp	sopa (f)
सूरजमुखी तेल (m)	sūrajamukhī tel	aceite (m) de girasol
सब्ज़ियाँ (f pl)	sabziyān	legumbres (f pl)
सफ़ेद गगन-धूलि (f)	safed gagan-dhūli	seta calabaza (f)
सफ़ेद वाइन (f)	safed vain	vino (m) blanco
साइड डिश (f)	said dish	guarnición (f)
सैन्डविच (m)	saindavich	bocadillo (m)
सलाद (m)	salād	ensalada (f)
सलाद पत्ता (m)	salād patta	lechuga (f)
समुद्री खाना (m)	samudrī khāna	mariscos (m pl)

संतरा (m)	santara	naranja (f)
संतरे का रस (m)	santare ka ras	zumo (m) de naranja
सरसों (m)	sarason	mostaza (f)
सौंफ़ (f)	saumf	anís (m)
सेब (m)	seb	manzana (f)
सेलरी (m)	selarī	apio (m)
शाकाहारी (m)	shākāhārī	vegetariano (m)
शाकाहारी	shākāhārī	vegetariano (adj)
शार्क (f)	shārk	tiburón (m)
शीतलक ड्रिंक (f)	shītalak drink	refresco (m)
शहद (m)	shahad	miel (f)
शैम्पेन (f)	shaimpen	champaña (f)
शलजम (f)	shalajam	nabo (m)
शराब (m pl)	sharāb	bebidas (f pl) alcohólicas
शराब रहित	sharāb rahit	sin alcohol
शेंटरेल (f)	shentarel	rebozuelo (m)
शिकार के पशुपक्षी (f)	shikār ke pashupakshī	caza (f) menor
शिमला मिर्च (m)	shimala mirch	pimiento (m) dulce
सिरका (m)	siraka	vinagre (m)
स्कीड (m)	skīd	calamar (m)
सोआ (m)	soa	eneldo (m)
सॉसर (m)	sosar	platillo (m)
सॉसेज (f)	sosej	salchichón (m)
सोया (m)	soya	soya (f)
स्पार्कलिंग	spārkaling	con gas
स्पेघेटी (f)	speghetī	espagueti (m)
स्टर्जन (f)	starjan	esturión (m)
स्टिल वॉटर	stil votar	sin gas
स्ट्रॉबेरी (f)	stroberī	fresa (f)
सुअर की जांघ (f)	suar kī jāngh	jamón (m) fresco
सुअर का गोश्त (m)	suar ka gosht	carne (f) de cerdo
स्वाद (m)	svād	sabor (m)
स्वाद (m)	svād	regusto (m)
स्वादिष्ट	svādisht	sabroso (adj)
ताज़ा रस (m)	tāza ras	zumo (m) fresco
टूना (f)	tūna	atún (m)
टूथपिक (m)	tūthapik	mondadientes (m)
टमाटर (m)	tamātar	tomate (m)
टमाटर का रस (m)	tamātar ka ras	jugo (m) de tomate
तरबूज़ (m)	tarabūz	sandía (f)
टर्की (m)	tarkī	pava (f)
तश्तरी (f)	tashtarī	plato (m)
तेजपत्ता (m)	tejapatta	hoja (f) de laurel
तेल (m)	tel	aceite (m) vegetal
ठंडा	thanda	frío (adj)
तिल (m)	til	sésamo (m)
टिप (f)	tip	propina (f)
टॉफ़ी (f)	tofī	caramelo (m)
ट्राउट मछली (f)	traut machhalī	trucha (f)
टुकड़ा (m)	tukara	loncha (f)
टुकड़ा (m)	tukara	pedazo (m)
टुकड़ा (m)	tukara	miga (f)

तुलसी (f)	tulasī	albahaca (f)
तुरई (f)	turī	calabacín (m)
उबला	ubala	cocido en agua (adj)
वाइन (f)	vain	vino (m)
वाइन गिलास (m)	vain gilās	copa (f) de vino
वाइन सूची (f)	vain sūchī	carta (f) de vinos
वर्मौठ (f)	varmauth	vermú (m)
वसा (m pl)	vasa	grasas (f pl)
वेफ़र (m pl)	vefar	gofre (m)
विस्की (f)	viskī	whisky (m)
विटामिन (m)	vitāmin	vitamina (f)
वियना सॉसेज (m)	viyana sosej	salchicha (f)
वोडका (m)	vodaka	vodka (m)
व्यंजन (m)	vyanjan	cocina (f)
यख़नी (f)	yakhanī	caldo (m)
ज़ाफ़रान (m)	zāfarān	azafrán (m)
जीरा (m)	zīra	comino (m)
ज़हरीली गगन-धूलि (f)	zaharīlī gagan-dhūli	seta (f) venenosa